수능까지 이어지는 대치동식 영문법의 시작!

8품사, 문장 성분, 문장의 5형식 훈련서

영문법 필수 공식

이지스에듀

지은이 남기정

중앙대학교에서 영어영문학을 전공했다. 주한미군방송국(AFN) 뉴스 제작부에서 영문 기사를 작성했고, 아이들을 16년째 가르치고 있다. 자생력 강한 교육을 실현하고자 대치동에 정영어학원을 열었고 13년째 운영 중이다. 유튜브 '대치동영어학원내부고발자'와 클래스박스에서 학부모와 선생님을 만나고 있다.

지은이 백시영

코넬대학교에서 물리학을, 하버드대학교 대학원에서 교육심리학을 전공했다. 코넬대학교 입학 면접관으로 활동했고, 아이들을 18년째 가르치고 있다. 학생 중심 교육을 실현하고자 대치동에 정영어학원을 열었고 13년째 운영 중이다. 유튜브 '대치동영어학원내부고발자'와 클래스박스에서 학부모와 선생님을 만나고 있다.

수능까지 이어지는 대치동식 영문법의 시작!

영문법 필수 공식 – 8품사, 문장 성분, 문장의 5형식 훈련서

초판 1쇄 발행 2026년 1월 3일
초판 3쇄 발행 2026년 2월 20일
지은이 남기정, 백시영
발행인 이지연
펴낸곳 이지스퍼블리싱(주)   제조국명 대한민국
출판사 등록번호 제313-2010-123호
주소 서울시 마포구 잔다리로 109 이지스 빌딩 5층(우편번호 04003)
대표전화 02-325-1722
이지스퍼블리싱 홈페이지 www.easyspub.com   이지스에듀 카페 www.easysedu.co.kr
바빠 아지트 블로그 blog.naver.com/easyspub   인스타그램 @easys_edu
페이스북 www.facebook.com/easyspub2014   이메일 service@easyspub.co.kr

이 책을 함께 만든 이지스에듀 사람들

기획 및 책임 편집 이지혜 | 박지연, 김경진, 김현주   교정교열 안현진   문제 검수 이지은
표지 및 내지 디자인 제갈애슬   조판 김민지   인쇄 미래피앤피
영업 및 문의 이주동, 김요한(support@easyspub.co.kr)   마케팅 라혜주   독자 지원 박애림, 이세진, 김수경

ISBN 979-11-6303-805-4 63740
가격 15,000원

• **이지스에듀**는 이지스퍼블리싱의 교육 브랜드입니다.
  (이지스에듀는 학생들을 탈락시키지 않고 모두 목적지까지 데려가는 책을 만듭니다!)

8품사, 문장 성분, 꼭 알아야 할까?

✿ '품사'와 '문장 성분'은 영문법의 기초

품사와 문장 성분은 수학에서 더하기, 빼기와 같아요. 더하기와 빼기를 모르는 상태에서 수학을 배우는 것이 불가능하듯이 품사와 문장 성분을 모르면 문법 책이나 설명을 이해할 수 없습니다. **품사와 문장 성분은 모든 문법 이론의 기초가 되기 때문에 꼭 알아야 하는 것이지요.**

✿ 정확한 문장을 만드는 비법! 말하기, 쓰기에도 필수

품사와 문장 성분은 **영문법의 기초**일 뿐만 아니라 **시험 영어**에서도, **실용 영어**에서도 유용한 도구입니다. 예를 들어 많은 영어 학습자들이 die, death, dead의 차이를 알지 못합니다. 대략 죽는 것과 관련된 말 정도로 생각하지요. 하지만 이 세 단어의 뜻은 비슷하지만, 품사가 다르기 때문에 섞어서 쓰게 되면 느낌이 상당히 어색합니다.

이것을 영어로 표현하면 아래와 같습니다.

정리하자면, 다음과 같습니다.

die = 죽다 〔동사〕　**death** = 죽음 〔명사〕　**dead** = 죽은 〔형용사〕

이 세 가지를 섞어서 쓰면 이상하다는 것이지요. **이상한 말을 하지 않고자 하는 것이** 품사와 문장 성분을 배우는 또 다른 중요한 이유입니다.

그럼 이제부터 본격적으로 《8품사, 문장 성분, 문장의 5형식 훈련서―영문법 필수 공식》으로 영문 **법의 기초를 한번에 정리해 보죠!** 이 책을 마치면 영문법뿐만 아니라 영어 글쓰기도 훨씬 더 쉽게 느껴질 겁니다.

문장은 많지만 결국 5가지 중 하나!
문장 형식

영문법의 3대 무기, 내 것 만드는 방법은?
《영문법 필수 공식》의 섬세한 학습 설계를 만나 보세요!

1 단계

먼저 진단평가로 약점을 확인하기

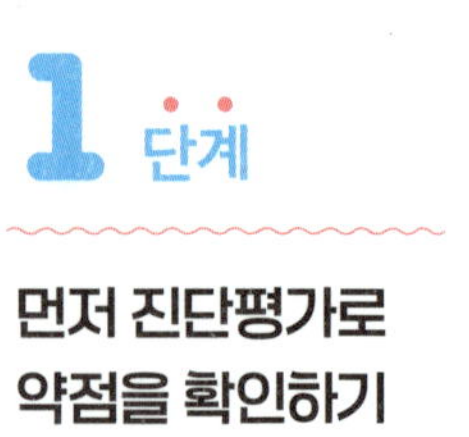

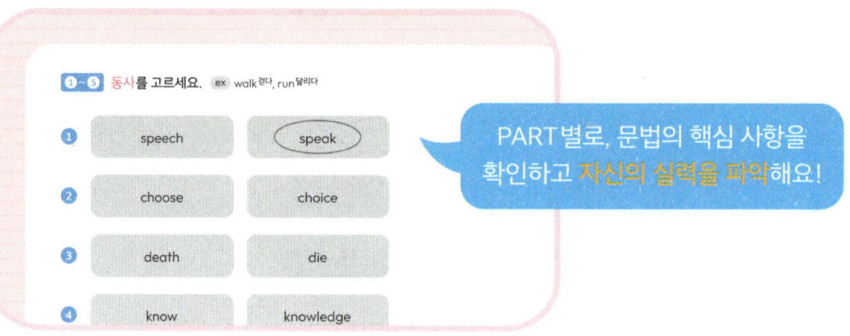

2 단계

훈련으로 문법 내 것 만들기

3 단계

대치동식 실전 훈련으로 완성하기

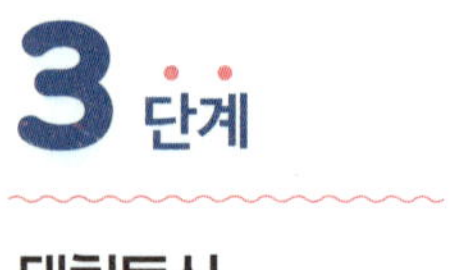

단어는 많지만 결국 8가지 중 하나!

8품사

'품사'란 단어의 성질이야.
명사, 동사, 형용사, 부사, 접속사, 전치사, 대명사, 감탄사,
이렇게 총 8가지를 구분하는 일은 문법에서 기초 중의 기초니까,
훈련을 통해서 완벽하게 익히는 게 중요해!

품사 진단평가

진단평가를 풀어 본 후, 자신이 어려워하는 부분을
참고하여 공부 계획을 세워 보세요.

❀ 초등 고학년 이상인 경우

잘 모르는 내용이 나오더라도, 문제를 끝까지 풀고 몇 개 맞았는
지 확인해 보세요. 내가 집중해서 학습해야 하는 부분이 무엇인
지 알 수 있을 거예요!

❀ 아직 초등 저학년인 경우

진단평가를 안 풀어도 괜찮아요! Unit 1부터 차근차근 익히면서
공부하세요.

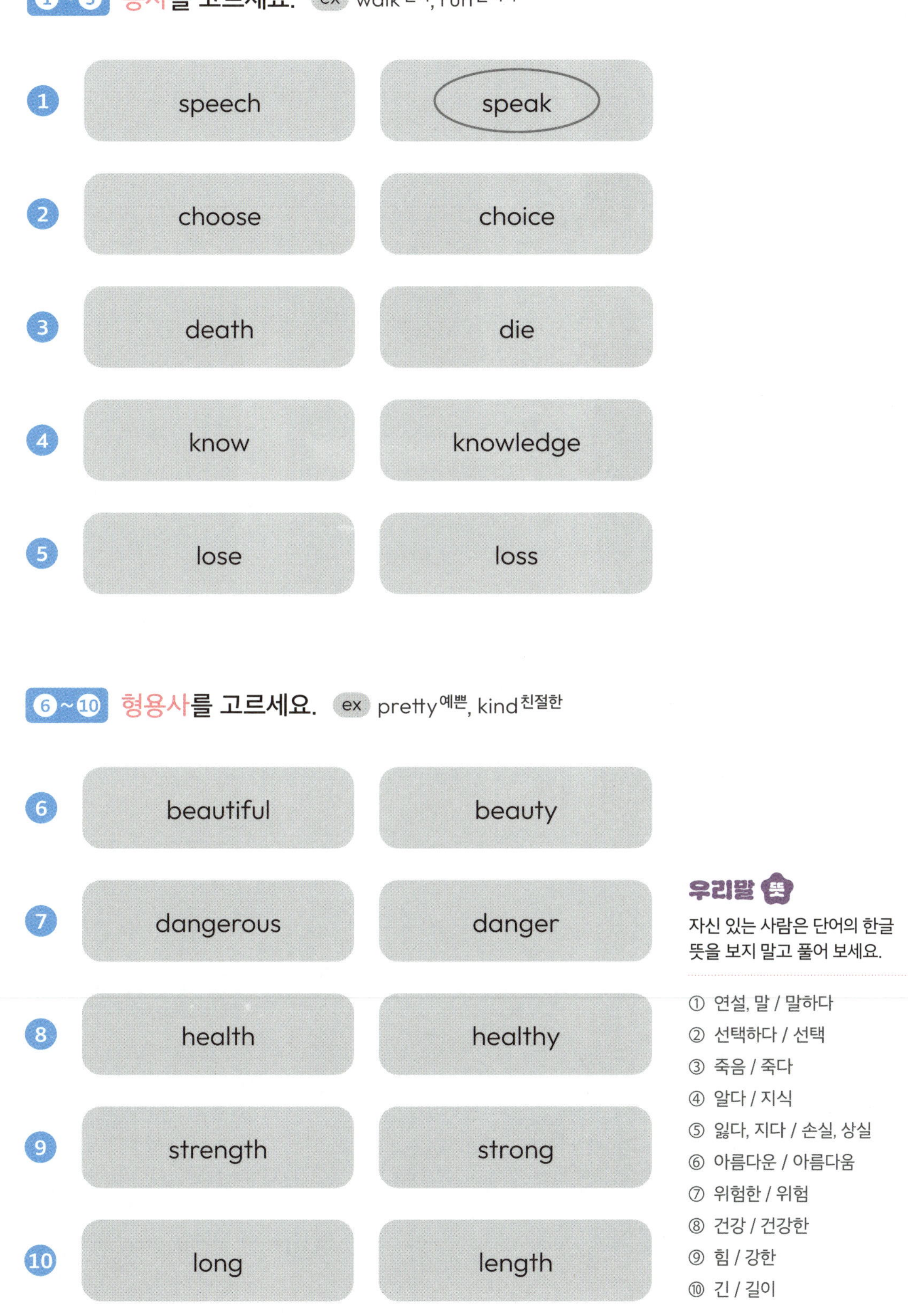

1	speech	speak
2	choose	choice
3	death	die
4	know	knowledge
5	lose	loss

⑥ ~ ⑩ 형용사를 고르세요. ex pretty 예쁜, kind 친절한

6	beautiful	beauty
7	dangerous	danger
8	health	healthy
9	strength	strong
10	long	length

우리말 뜻

자신 있는 사람은 단어의 한글 뜻을 보지 말고 풀어 보세요.

① 연설, 말 / 말하다
② 선택하다 / 선택
③ 죽음 / 죽다
④ 알다 / 지식
⑤ 잃다, 지다 / 손실, 상실
⑥ 아름다운 / 아름다움
⑦ 위험한 / 위험
⑧ 건강 / 건강한
⑨ 힘 / 강한
⑩ 긴 / 길이

11~15 명사를 고르세요. ex car차, house집

11 student / laugh
12 small / desk
13 up / dog
14 truth / true
15 success / successfully

16~20 전치사를 고르세요. ex in~안에, on~위에

16 but / under
17 over / and
18 for / fire
19 so / with
20 because / because of

⑪ 학생 / 웃다
⑫ 작은 / 책상
⑬ 위로 / 개
⑭ 진실 / 진실한
⑮ 성공 / 성공적으로
⑯ 하지만 / ~ 아래에
⑰ ~ 위에 / 그리고
⑱ ~을 위해 / 불
⑲ 그래서 / ~와 함께
⑳ ~ 때문에 / ~ 때문에

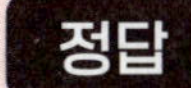

품사 진단평가 정답

| 동사 | ❶ speak ❷ choose
❸ die ❹ know ❺ lose | 맞은 개수 / 5 |

| 형용사 | ❻ beautiful ❼ dangerous
❽ healthy ❾ strong ❿ long | 맞은 개수 / 5 |

| 명사 | ⓫ student ⓬ desk
⓭ dog ⓮ truth ⓯ success | 맞은 개수 / 5 |

| 전치사 | ⓰ under ⓱ over ⓲ for
⓳ with ⓴ because of | 맞은 개수 / 5 |

**총 20문제 중 몇 문제를 맞았나요?
또 어떤 품사에서 많이 틀렸나요?**

할 만한 문제도 있었지만 일부는 까다롭게 느껴졌을 거예요. 특히 우리말 뜻을 참고하여 문제를 푼 학생들은 because와 because of 둘 다 '~ 때문에'로 뜻이 같아서 어떻게 구별해야 할지 난감했을 거예요. 이 책을 다 마치면, 이제 우리말 뜻 도움 없이도 개념을 통해 품사를 구별할 수 있을 거예요!

8품사 정의 한눈에 보기

---

1 **명사** Noun

이름을 나타내는 단어!
사람, 사물, 동물 등 존재하는 모든 것을 말해요!

ex This is a car. 이것은 차다. ➔ car: 사물의 이름

---

2 **동사** Verb

움직임을 나타내는 단어!
주로 '~다'로 해석해요!

ex I run fast. 나는 빨리 달린다. ➔ run: 달리다

---

3 **형용사** Adjective

명사를 꾸미는 단어! 주로 'ㄴ' 받침 또는 '~의'로 해석해요!

ex It is a big house. 그것은 큰 집이다.
　　➔ big: 명사인 house를 꾸밈

---

4 **부사** Adverb

동사를 꾸미는 단어! 주로 '~하게, ~히'로 해석해요!
동사 외에도 형용사, 다른 부사, 문장 전체를 꾸밀 수도 있어요!

ex She sings beautifully. 그녀는 아름답게 노래한다.
　　➔ beautifully: 동사인 sings를 꾸밈

---

5 **접속사** Conjunction

단어, 구, 절을 연결하는 말!

ex I like movies and books. 나는 영화와 책을 좋아한다.
　　➔ and: movies와 books를 연결

6 전치사 Preposition

명사 앞에 와서 장소나 시간 등을 나타내는 단어!
주로 '~에'로 해석해요.

> ex The spoon is on the table. 숟가락은 테이블 위에 있다.
> → on: 위치(위에)

7 대명사 Pronoun

명사를 대신하는 단어!

> ex Look at Tom. He looks happy. 톰을 봐! 그는 행복해 보인다.
> → He: Tom 대신 사용

8 감탄사 Interjection

놀람이나 감정을 나타내는 단어!

> ex Wow! It's great. 와! 굉장해.
> → Wow!: 놀람 표현

8가지 품사를 핵심만 정리하면 아래와 같아요. 

명사 이름 / 동사 움직임 / 형용사 명사 꾸밈 / 부사 동사 꾸밈 / 접속사 연결

전치사 '~에' / 대명사 명사 대신 / 감탄사 놀람

더 잘 기억하기 위해 재미있는 말을 만들어 보는 게 좋겠죠!
8품사의 앞 글자만 따면?

명동에서 형부와 접전을 벌이니까 대략 난감!

대부분의 책들은 품사에 대한 정의에서 끝납니다.

하지만 이 책의 차별점은 '훈련'에 있어요. '명사는 이름이다'라는 개념 정의를 벗어나
'훈련'을 통해 품사와 문장 성분을 익힐 거예요! 이제부터는 '훈련'입니다.

✿ 우리는 '동사'와 '명사'를 구별하는 훈련을 할 거예요. 하지만 본격적인 훈련을 하기 전에 동사와 명사의 정의에 대해 비판적인 생각을 할 필요가 있어요.

동사 Verb 는 '~다'로 해석한다

진단평가에서 봤던 동사를 살펴봅시다.

speak 말하다 choose 선택하다

die 죽다 know 알다 lose 잃다, 지다

많은 단어들 중에서 동사를 구별하는 것은 쉬워요. '~다'라고 해석되면 **동사**이기 때문이지요. 하지만 만약 흔히 사용되는 '동사 = 움직임'이라는 동사의 정의로 동사를 찾으려면 어려웠을 거예요.

예를 들어, know알다는 '동사 = 움직임'이라는 정의에 부적합(움직이지 않고 '알' 수 있으니까요)해서, 동사로 고르기 곤란했을 거예요. 그래서 동사는 '움직임'이라는 정의보다 '~다'로 해석된다는 정의가 더 좋아요.

그도 그럴 것이 동사는 동작 동사와 상태 동사 2가지로 구분돼요.

동작 동사	walk걷다, run달리다처럼 실제로 **움직임을 나타내는 동사**
상태 동사	have가지다, know알다처럼 **상태를 나타내는 동사**

따라서 상태 동사로 분류되는 상당수의 동사들은 움직임을 나타내지 않아요.

그럼, 도대체 모국어가 영어인 원어민은 품사를 어떻게 구별할까요? 한국어를 모르니, '~다'로 해석하는 단어 구분법은 사용할 수 없을 거예요. 여기서 원어민은 '과거 형태가 있으면 동사다'라는 기준을 사용해요.

예를 들어, know는 과거형인 knew가 있으니까 동사라는 것을 알 수 있지요.

명사Noun는 존재하는 모든 것이다

진단평가에서 봤던 명사를 살펴봅시다.

student 학생 desk 책상

dog 개 truth 진실 success 성공

흔히 사용되는 명사의 정의인 '명사=이름'을 사용하면, student학생, desk책상, dog개까지 명사로 구별할 수 있어요. 하지만 truth진실나 success성공는 '이름'인지 아리송해요.

이때 사용할 정의가 바로 '존재하는 모든 것'이에요. '~이(가) 있다'라는 문장을 만들어서 '~이(가)'에 들어갈 수 있는 단어라면, '명사'라고 할 수 있지요.

예를 들어 '진실이 있다'가 말이 되기 때문에 truth진실는 명사라고 확신해도 되는 거죠!

비교하면 품사가 보인다!

🌸 주어진 단어를 보고, 동사Verb에는 v를 쓰고 명사Noun에는 n을 쓰세요.

1 fail [v]　failure [n]

2 food [ ]　feed [ ]

3 prove [ ]　proof [ ]

4 growth [ ]　grow [ ]

5 refusal [ ]　refuse [ ]

6 protect [ ]　protection [ ]

7 translation [ ]　translate [ ]

8 believe [ ]　belief [ ]

9 sale [ ]　sell [ ]

10 invite [ ]　invitation [ ]

우리말 뜻

자신 있는 사람은 단어의 한글 뜻을 보지 말고 풀어 보세요.

① 실패하다 / 실패
② 음식 / 먹이다, 먹을 것을 주다
③ 증명하다 / 증거
④ 성장 / 성장하다, 자라다
⑤ 거절 / 거절하다
⑥ 보호하다 / 보호
⑦ 번역 / 번역하다
⑧ 믿다 / 믿음
⑨ 판매, 세일 / 팔다
⑩ 초대하다 / 초대, 초대장

11 song   sing

12 agreement   agree

13 arrival   arrive

14 advice   advise

15 imagine   imagination

16 sight   see

17 explain   explanation

18 story   tell

19 gift   give

20 relaxation   relax

⑪ 노래 / 노래하다
⑫ 동의, 합의 / 동의하다
⑬ 도착 / 도착하다
⑭ 조언 / 조언하다
⑮ 상상하다 / 상상, 상상력
⑯ 시력, 시야 / 보다
⑰ 설명하다 / 설명
⑱ 이야기 / 말하다, 이야기하다
⑲ 선물 / 주다
⑳ 휴식 / 쉬다

지금까지는 단어만 따로 모아서 품사를 구분하는 훈련을 했어요!
동사와 명사에 대한 감이 좀 잡히셨나요?
이제 문장에 적용하는 훈련을 시작할게요.

문장이 써지면 이 품사는 OK!

⚙ 주어진 단어를 보고, 문장에 필요한 단어와 우리말을 쓰세요.

---

1 fail / failure

① This project is a [failure]. 이 프로젝트는 [실패]다.

② Plans [fail]. 계획은 [실패한다].

---

2 feed / food

① We eat [　　　]. 우리는 [　　　]을 먹는다.

② Parents [　　　] their children. 부모들은 아이들에게 [　　　].

---

3 prove / proof

① This is good [　　　]. 이것은 좋은 [　　　]이다.

② They [　　　] the truth. 그들은 진실을 [　　　].

---

4 grow / growth

① Plants [　　　] fast. 식물은 빨리 [　　　].

② I see the [　　　]. 나는 그 [　　　]을 본다.

← 우리말 뜻이 헷갈리면 앞에서 우리말 뜻을 보고 와도 좋아요.

5 **refuse / refusal**

① He got a [　　　]. 그는 [　　　]을 당했다.

② I [　　　] the offer. 나는 그 제안을 [　　　].

---

6 **protect / protection**

① We need [　　　]. 우리는 [　　　]가 필요하다.

② I [　　　] my dog. 나는 나의 개를 [　　　].

---

7 **translate / translation**

① We [　　　] the text. 우리는 그 글을 [　　　].

② This is my [　　　]. 이것은 나의 [　　　]이다.

---

8 **believe / belief**

① This is my [　　　]. 이것은 나의 [　　　]이다.

② I [　　　] in God. 나는 하나님을 [　　　].

---

9 **sell / sale**

① There is a big [　　　]. 큰 [　　　]이 있다.

② They [　　　] cars. 그들은 차를 [　　　].

---

10 **invite / invitation**

① We [　　　] friends. 우리는 친구들을 [　　　].

② I got an [　　　]. 나는 [　　　]를 받았다.

11 sing / song

① I like this [______] . 나는 이 [______] 를 좋아한다.

② They [______] a song. 그들은 노래를 [______] .

---

12 agree / agreement

① The [______] is important. 그 [______] 는 중요하다.

② We all [______] . 우리는 모두 [______] .

---

13 arrive / arrival

① They [______] at noon. 그들은 정오에 [______] .

② I wait for her [______] . 나는 그녀의 [______] 을 기다린다.

---

14 advise / advice

① He gave me good [______] . 그는 좋은 [______] 을 주었다.

② Teachers [______] us. 선생님들은 우리에게 [______] .

---

15 imagine / imagination

① Children [______] stories. 아이들은 이야기를 [______] .

② They had a great [______] . 그들은 거대한 [______] 을 가졌다.

---

16 see / sight

① I lost my [______] . 나는 내 [______] 을 잃었다.

② I [______] the cat. 나는 고양이를 [______] .

17 explain / explanation

① I listen to the [   ]. 나는 그 [   ]을 듣는다.

② Teachers [   ] the rule. 선생님들은 규칙을 [   ].

---

18 tell / story

① They [   ] stories. 그들은 이야기를 [   ].

② This is a good [   ]. 이것은 좋은 [   ]이다.

---

19 give / gift

① I got a [   ]. 나는 [   ]을 받았다.

② Parents [   ] pocket money. 부모님이 용돈을 [   ].

---

20 relax / relaxation

① We need some [   ]. 우리는 약간의 [   ]이 필요하다.

② I [   ] at home. 나는 집에서 [   ].

문장에서 동사와 명사를 구별해 보니까 어떤가요?

동사와 명사를 바꿔 쓰면 굉장히 이상하죠? 비슷해 보여도
품사에 따라 단어를 구별해서 쓰는 것의 중요성을 알게 되었을 거예요.

2 형용사와 부사를 구별하는 법

✿ 본격적인 훈련에 앞서 '꾸민다'는 것이 무슨 뜻인지 더 깊게 생각해 볼 필요가 있어요. 문법에서 '꾸민다'는 것은 **구체적으로 만든다**는 뜻이에요.

형용사Adjective는 명사를 꾸미는 말이다

예를 들어, 그냥 hair 머리카락 보다는 red hair 빨간 머리카락 가 구체적이지요. 이때 명사인 hair를 구체적으로 해 주는 말이라서 red를 '형용사'라고 불러요.

진단평가에 나왔던 형용사를 살펴봅시다.

beautiful 아름다운　long 긴　strong 강한
healthy 건강한　dangerous 위험한

형용사를 구별하는 것은 생각보다 쉬워요. 명사 앞에 있을 때 자연스러운지 확인하면 돼요.

예를 들어, 명사인 hair를 사용해서 beautiful hair(아름다운 머리카락), long hair(긴 머리카락), strong hair(강한 머리카락), healthy hair(건강한 머리카락)처럼요. 그런데 dangerous hair(위험한 머리카락)는 다소 어색하군요. 이럴 땐 명사를 바꿔서 dangerous shark(위험한 상어)로 확인하세요! 또는 우리말 해석이 'ㄴ' 받침으로 끝나는지 확인하면 돼요!

잠깐!
Quiz 1

형용사 찾는 법 ① 　명사 / 동사　를 꾸민다.

② 주로 명사 　앞 / 뒤　에서 'ㄴ' 받침으로 해석된다.

부사 Adverb 는 동사를 꾸미는 말이다

부사는 동사가 어떻게, 어디서, 언제 일어났는지 구체적으로 표현하는 말이에요.
예를 들어, 두 문장을 비교해 볼게요.

❶ I danced. 나는 춤을 췄다.

❷ I danced joyfully here yesterday. 나는 어제 여기서 즐겁게 춤을 췄다.

❶과 ❷를 비교하면 ❷가 더 구체적이에요. joyfully, here, yesterday가 동사인 danced에 추가 정보를 주기 때문이지요. 이렇게 동사를 꾸며 주는 말이 부사예요. 추가로 부사는 주로 '방법', '장소', '시간'과 관련이 있어요.

방법: joyfully, sadly 등
장소: here, there 등
시간: yesterday, today 등

* 방법을 나타내는 부사는 주로 -ly로 끝나고,
'~하게, ~히'로 해석해요.

앞 글자를 따서 [방,장,시]로 기억하세요!

또, 부사는 주로 동사를 꾸미지만 형용사, 다른 부사, 문장 전체도 꾸밀 수 있어요.

The baby is really cute.
그 아기는 정말 귀엽다.

➡ 부사인 really가 형용사인 cute를 꾸밈

He talks fairly clearly.
그는 상당히 분명하게 말한다.

➡ 부사인 fairly가 다른 부사인 clearly를 꾸밈

Fortunately, they couldn't find my secret.
다행히, 그들은 내 비밀을 찾지 못했다.

➡ 부사인 Fortunately가 문장 전체를 꾸밈

잠깐! Quiz 2

부사 찾는 법 ① 명사 / 동사 를 제외한 말을 꾸민다.

② 주로 방법 / 장소 / 시간 / 이름 을 나타낸다.

비교하면 품사가 보인다!

🌸 주어진 단어를 보고, 형용사Adjective는 adj를 쓰고 부사Adverb는 adv를 쓰세요.

1 quick [adj]   quickly [adv]

2 slowly [ ]   slow [ ]

3 happy [ ]   happily [ ]

4 sad [ ]   sadly [ ]

5 loudly [ ]   loud [ ]

6 quiet [ ]   quietly [ ]

7 carefully [ ]   careful [ ]

8 angry [ ]   angrily [ ]

9 polite [ ]   politely [ ]

10 safe [ ]   safely [ ]

우리말 뜻

자신 있는 사람은 단어의 한글 뜻을 보지 말고 풀어 보세요.

① 빠른 / 빨리
② 천천히 / 느린
③ 행복한 / 행복하게
④ 슬픈 / 슬프게
⑤ 크게 / 큰, 시끄러운
⑥ 조용한 / 조용히
⑦ 조심스럽게 / 조심스러운
⑧ 화가 난 / 화내며
⑨ 예의 바른 / 정중하게
⑩ 안전한 / 안전하게

11	here		big	
12	small		there	
13	hot		now	
14	cold		soon	
15	yesterday		young	
16	old		today	
17	calm		tomorrow	
18	often		noisy	
19	good		away	
20	sometimes		bad	

⑪ 여기에 / 큰
⑫ 작은 / 거기에
⑬ 뜨거운 / 지금
⑭ 차가운 / 곧
⑮ 어제 / 젊은, 어린
⑯ 나이 든, 늙은 / 오늘
⑰ 차분한, 조용한 / 내일
⑱ 종종, 자주 / 시끄러운
⑲ 좋은 / 저 멀리
⑳ 때때로 / 나쁜

상식 하나 추가하고 가죠!

부사의 영어 표현인 adverb에서 ad-는 '~에'라는 뜻이고, verb는 '동사'라는
뜻으로, '동사에 더해져서 동사를 꾸미는 말'이라는 뜻이에요. (부사 = adv.) 

문장이 써지면 이 품사는 OK!

⚙ 주어진 단어를 보고, 문장에 필요한 단어와 우리말을 쓰세요.

---

1 quick / quickly

① He works [quickly]. 그는 [빨리] 일한다.

② The [quick] fox runs. [빠른] 여우가 달린다.

---

2 slow / slowly

① The [   ] turtle moves. [   ] 거북이가 움직인다.

② She walks [   ]. 그녀는 [   ] 걷는다.

---

3 happy / happily

① She smiles [   ]. 그녀는 [   ] 미소 짓는다.

② The [   ] child laughs. [   ] 아이가 웃는다.

---

4 sad / sadly

① He speaks [   ]. 그는 [   ] 말한다.

② The [   ] boy looks down. [   ] 소년이 아래를 본다.

---

5 **loud / loudly**

① The ⬚ music plays. ⬚ 음악이 나온다.

② They talk ⬚. 그들은 ⬚ 말한다.

6 **quiet / quietly**

① We read ⬚. 우리는 ⬚ 읽는다.

② The ⬚ library helps students. ⬚ 도서관은 학생들에게 도움이 된다.

7 **careful / carefully**

① He writes ⬚. 그는 ⬚ 쓴다.

② The ⬚ driver checks mirrors. ⬚ 운전자가 거울을 확인한다.

8 **angry / angrily**

① The ⬚ customer shouts. ⬚ 손님이 소리친다.

② She answers ⬚. 그녀는 ⬚ 대답한다.

9 **polite / politely**

① He asks ⬚. 그는 ⬚ 묻는다.

② The ⬚ student says thank you. ⬚ 학생이 고맙다고 말한다.

10 **safe / safely**

① The ⬚ playground welcomes kids. ⬚ 놀이터가 아이들을 맞이한다.

② We cross the street ⬚. 우리는 ⬚ 길을 건넌다.

11 **easy / easily**

① He solves problems [____]. 그는 문제를 [____] 해결한다.

② The [____] test starts. [____] 시험이 시작된다.

12 **clear / clearly**

① She speaks [____]. 그녀는 [____] 말한다.

② The [____] sky is beautiful. [____] 하늘이 아름답다.

13 **soft / softly**

① The [____] pillow helps me. [____] 베개가 도움이 된다.

② We speak [____]. 우리는 [____] 말한다.

14 **bright / brightly**

① The star shines [____]. 별이 [____] 빛난다.

② The [____] light shines. [____] 빛이 빛난다.

15 **gentle / gently**

① The [____] teacher smiles. [____] 선생님이 미소 짓는다.

② He talks [____]. 그는 [____] 말한다.

16 **brave / bravely**

① She answers [____]. 그녀는 [____] 대답한다.

② The [____] boy tries. [____] 소년이 시도한다.

17 calm / calmly

① The [ ] student waits. [ ] 학생이 기다린다.

② They speak [ ]. 그들은 [ ] 말한다.

---

18 noisy / noisily

① The kids laugh [ ]. 아이들이 [ ] 웃는다.

② The [ ] class laughs. [ ] 반이 웃는다.

---

19 busy / busily

① He works [ ]. 그는 [ ] 일한다.

② The [ ] mom cooks. [ ] 엄마가 요리한다.

---

20 lucky / luckily

① The [ ] child wins. [ ] 아이가 이긴다.

② He [ ] finds his keys. 그는 [ ] 열쇠를 찾는다.

문장에 대입해 보니까 어떤가요?

형용사와 부사를 바꿔 쓰면 굉장히 이상하죠? 비슷해 보여도
품사에 따라 단어를 구별해서 쓰는 것의 중요성을 알게 되었을 거예요. 

3 접속사와 전치사를 구별하는 법

✿ 본격적인 훈련 전에 설명에 자주 등장하는 '구'와 '절'을 잠깐 정리할게요. '구'는 여러 단어의 덩어리를 말하고, '절'은 **명사인 주어와 동사인 서술어의 덩어리(주어 + 동사)**를 말해요. 자세한 내용은 Unit 10에서 배울게요.

접속사 Conjunction**는 단어, 구, 절을 연결하는 말이다**

예를 들어, 문장을 하나 살펴봅시다.

앞   뒤

I wake up at 7 o'clock **and** I go to school.

나는 7시에 일어난다 그리고 나는 학교에 간다.

한 문장에서 접속사인 and 그리고가 앞과 뒤를 연결하고 있어요. 그럼, 또 다른 접속사인 because ~때문에도 살펴볼게요.

앞   뒤

He smiles **because** he is happy.

그는 행복하기 때문에 미소 짓는다.

because도 앞과 뒤를 연결하는 접속사이긴 하지만, and와는 달라요. and는 순서대로 해석하지만, because는 앞에서부터 순서대로 해석하면 해석이 이상해지죠. '그는 미소 짓기 **때문에** 행복하다?'란 이상한 뜻이 되어 버려요.

접속사는 and 같은 '등위접속사'와 because 같은 '종속접속사', 두 가지로 나뉘며 해석하는 순서가 달라요.

등위접속사 나오는 순서대로 해석	and 그리고, but 그런데, or 또는, so 그래서가 해당!
종속접속사 뒷부분에 의미를 붙여 해석	because ~때문에, when ~할 때, while ~ 동안에, if ~라면 등 대부분의 접속사가 해당!

종속접속사는 이어지는 '명사 + 동사'와 합쳐져서 하나의 품사로도 쓰입니다.

전체가 시간을 나타내는 부사

I was happy when you came back.

네가 돌아왔을 때 나는 행복했다.

이제부터 '연결'이라는 개념을 좀 더 깊게 생각해 볼게요.

❶ He smiles **because** he is happy.

그는 행복해서 미소 짓는다.

❷ He smiles **because of** happiness.

그는 행복해서 미소 짓는다.

> 종속접속사는 이어지는
> '명사 + 동사'와 합쳐져서
> 하나의 품사로 쓰여요.
> 'because he is happy'
> 전체가 부사로 쓰임.

위의 ❶과 ❷는 뜻이 같아요. 그럼 because와 because of는 품사도 같을까요?
❶은 because가 앞과 뒤를 연결했기 때문에 접속사가 쓰인 문장이에요.
그럼 ❷의 because of도 같은 이유로 접속사일까요? because of는 앞과 뒤를
연결은 했지만, 접속사가 아니라 전치사예요.
도대체 이 둘을 어떻게 구별할까요? 전치사를 살펴볼 때입니다.

잠깐!
Quiz 1 ✏️ 명사, 동사를 알맞은 곳에 넣어 보세요.

접속사 + [   ] + [   ]

전치사 Preposition 는 명사 앞에서 장소, 시간 등을 나타내는 말이다

진단평가에서 봤던 전치사도 포함해서 살펴봅시다.

because of ~ 때문에   in ~ 안에   on ~ 위에

at ~에   during ~ 동안에   with ~와 함께

전치사는 주로 '에'로 해석됩니다. 전치사의 뜻을 적을 때 '~'(물결 모양)이 주로 쓰이는데요, 이는 전치사가 단독으로 쓰이지 않고 '~'에 명사를 연결하기 때문이죠. 접속사와 전치사를 구별하는 방법도 여기에 있어요! (종속)접속사는 뒤에 오는 '명사＋동사'를 연결하고, 전치사는 뒤에 오는 '명사'를 연결해요. 참고로 대명사는 일종의 명사예요.

접속사＋(대)명사＋동사

❶ He smiles **because** he is happy.

그는 행복해서 미소 짓는다.

전치사＋명사

❷ He smiles **because of** happiness.

그는 행복해서 미소 짓는다.

품사 개념이 없는 사람에게 우리말 뜻이 같은, 접속사인 because와 전치사인 because of의 차이를 설명하는 것은 매우 어려운 일이에요. 하지만 여러분은 이미 명사와 동사를 배웠기 때문에 이해할 수 있지요.
다른 경우에도 이 개념을 적용할 수 있어요.

❶ People eat popcorn **while** they watch movies.

사람들은 영화 보는 동안에 팝콘을 먹는다.

❷ People eat popcorn **during** movies.

사람들은 영화 보는 동안에 팝콘을 먹는다.

이제 다시 전치사의 정의를 비판적으로 생각해 봅시다. 전치사는 명사 앞에서 장소, 시간 등을 나타내는 단어예요. 그런데 부사도 주로 방법, 장소, 시간과 관련이 있다고 했었어요. 결국, '**전치사 + 명사 = 부사(방법, 장소, 시간)**'예요. 전치사는 명사와 합쳐져서 부사 역할을 하기 때문에 방법, 장소, 시간을 나타내는 것이지요! 부사를 설명할 때 썼던 예문 일부를 다시 써 볼게요. 아래의 예문처럼 부사는 '전치사 + 명사'로 바꿔 쓸 수 있어요.

I danced joyfully here.

나는 여기서 즐겁게 춤을 췄어요.

= I danced with joy in this place.

나는 이곳에서 즐겁게 춤을 췄어요.

잠깐!
Quiz 2

명사, 동사 중 알맞은 단어를 넣어 보세요.

전치사 + [   ]

33

비교하면 품사가 보인다!

⚙️ 주어진 단어를 보고, 접속사Conjunction는 c를 쓰고, 전치사Preposition는 p를 쓰세요.

---

1 before

① I wash my hands **before** lunch. — `p`

② I wash my hands **before** I have lunch. — `c`

---

2 after

① I play **after** I have lunch.

② I play **after** lunch.

---

3 since

① I have lived here **since** 2014.

② I have lived here **since** I was born.

---

4 until

① I stay here **until** 9 o'clock.

② I stay here **until** you come.

---

5 till

① I wait **till** night.

② I wait **till** night comes.

---

6 for

① She is sad **for** his mistake.

② She is sad, **for** he made a mistake.

7 than

① She is taller **than** me.

② She is taller **than** I am.

8 as

① I am sensitive **as** I am an artist.

② I am sensitive **as** an artist.

9 like

① She looks **like** she is happy.

② She looks **like** a happy girl.

10 but

① Everyone came **but** Tom.

② Everyone came, **but** Tom didn't come.

STEP 1 에 나온 단어들은 접속사도 될 수 있고, 전치사도 될 수 있어요.
이 문제를 통해 문장 속에서 다른 단어들과의 관계도 파악해야 품사를 정확하게
구분할 수 있다는 점을 알게 되었을 거예요.

문장이 써지면 **이 품사는 OK!**

⚙ 주어진 단어를 보고, 문장에 필요한 단어를 채워 보세요.

1 **because**(접속사) ↔ **because of**(전치사)

  ① I stay home [____________] the rain.

  ② I stay home [____________] it rains.

2 **although**(접속사) ↔ **despite**(전치사)

  ① [____________] he is tired, he plays soccer.

  ② He plays soccer [____________] his tiredness.

3 **though**(접속사) ↔ **in spite of**(전치사)

  ① She goes to school [____________] her illness.

  ② [____________] she is sick, she goes to school.

4 **as**(접속사) ↔ **due to**(전치사)

  ① We go home [____________] the late time.

  ② [____________] it is late, we go home.

5 **since**(접속사) ↔ **owing to**(전치사)

  ① [____________] it is cold, we stay inside.

  ② We stay inside [____________] the cold.

6   **whereas**(접속사)   ↔   **contrary to**(전치사)

① [　　　　　　　　] my brother's love for cars, I like books.

② [　　　　　　　　] my brother likes cars, I like books.

7   **if**(접속사)   ↔   **in case of**(전치사)

① [　　　　　　　　] rain, we play inside.

② [　　　　　　　　] it rains, we play inside.

8   **unless**(접속사)   ↔   **without**(전치사)

① You can't pass [　　　　　　] you study.

② You can't pass [　　　　　　] studying.

9   **while**(접속사)   ↔   **during**(전치사)

① I read a book [　　　　　] lunch.

② I read a book [　　　　　] I eat lunch.

10   **as soon as**(접속사)   ↔   **upon**(전치사)

① I call you [　　　　　　] my arrival.

② I call you [　　　　　　] I arrive.

문장에서 접속사와 전치사를 구별해 보니까 어떤가요?

같은 의미의 문장이지만 접속사와 전치사를 바꿔 쓰면 굉장히 이상하죠? 비슷해 보여도
품사에 따라 단어를 구별해서 쓰는 것의 중요성을 알게 되었을 거예요. ✿ ✿ ✿

4 대명사와 감탄사를 구별하는 법

✿ 대명사와 감탄사는 단어로 익히세요. 반복적으로 보면 자동으로 기억하게 될 거예요.

대명사 Pronoun 는 명사를 대신하는 말이다

한 번 쓴 명사를 다시 쓰고 싶으면, 그 명사를 대신해 대명사로 간단하게 표현해요.

Jason likes ice cream. 제이슨은 아이스크림을 좋아한다.
Jason buys ice cream. 제이슨은 아이스크림을 산다.
Jason eats ice cream. 제이슨은 아이스크림을 먹는다.

 명사 Jason 대신 대명사 He를 사용(Jason → He)

He likes ice cream. 그는 아이스크림을 좋아한다.
He buys ice cream. 그는 아이스크림을 산다.
He eats ice cream. 그는 아이스크림을 먹는다.

 명사 ice cream 대신 대명사 it을 사용(ice cream → it)

He likes it. 그는 그것을 좋아한다.
He buys it. 그는 그것을 산다.
He eats it. 그는 그것을 먹는다.

감탄사^{Interjection}는 놀람이나 감정을 나타내는 말이다.

Wow, the cat is fast!   와, 그 고양이 빠르네!
Oh, I feel pain.   아, 나는 고통을 느껴.
Hello!   안녕!

비교하면 품사가 보인다!

🌸 주어진 단어를 보고, 명사Noun는 n을 쓰고 대명사Pronoun는 pron을 쓰세요.

1	Jason	n	he	pron
2	it		rice	
3	people		they	
4	Jenny		she	
5	Kijung		you	
6	we		family	
7	me		Siyoung	
8	him		John	
9	her		Mary	
10	Michael		I	

우리말 뜻

자신 있는 사람은 단어의 한글
뜻을 보지 말고 풀어 보세요.

① 제이슨 / 그
② 그것 / 쌀
③ 사람들 / 그들
④ 제니 / 그녀
⑤ 기정 / 당신
⑥ 우리 / 가족
⑦ 나 / 시영
⑧ 그 / 존
⑨ 그녀 / 메리
⑩ 마이클 / 나

11	us		class	
12	bicycle		it	
13	that		bag	
14	children		they	
15	them		chickens	
16	they		animals	
17	land		that	
18	it		money	
19	she		Jennifer	
20	he		James	

⑪ 우리 / 반
⑫ 자전거 / 그것
⑬ 저것 / 가방
⑭ 아이들 / 그들
⑮ 그들 / 닭들
⑯ 그들 / 동물들
⑰ 땅 / 저것
⑱ 그것 / 돈
⑲ 그녀 / 제니퍼
⑳ 그 / 제임스

단어만 보고도 이제 명사와 대명사를 구별해낼 수 있겠죠?
그럼 이제 다음 쪽에서 대명사와 감탄사가 어떻게 문장에서 쓰이는지 살펴보세요. ✿ ✿ ✿

문장이 써지면 이 품사는 OK!

✿ 주어진 단어를 보고, 문장에 필요한 단어와 우리말을 쓰세요.

제시된 단어에 조사(~은, 는, 이, 가, 을, 를 등)는 뺐어요!
각 문장 해석에 알맞게 조사를 추가해서 쓰세요.

1 they(그들) / wow(와) / Jason(제이슨)

① [　], [　] runs fast. [　], [　] 빨리 달린다.

② [　] win the race. [　] 경기에서 우승한다.

2 I(나) / you(너) / hello(안녕)

① [　], nice to meet [　]. [　], [　] 만나서 반가워.

② [　] am Siyoung. [　] 시영이야.

3 Jenny(제니) / oh(오) / you(너)

① [　], [　] is sick. [　], [　] 아파.

② [　] need a doctor. [　] 의사가 필요해.

4 we(우리) / ouch(아야) / head(머리)

① [　] study hard. [　] 열심히 공부한다.

② [　], my [　] hurts. [　], 내 [　] 아파.

5 **it**(그것) / **hmm**(흠) / **train**(기차)

① ______ , the ______ is late. ______ , ______ 늦게 오네.

② ______ is slow. ______ 느리다.

---

6 **we**(우리) / **oops**(이런) / **Michael**(마이클)

① ______ , ______ doesn't have the key. ______ , ______ 열쇠가 없네.

② ______ can't open the door. ______ 문을 열 수가 없다.

---

7 **you**(너) / **well**(음) / **test**(시험)

① ______ , the ______ is difficult. ______ , ______ 어렵네.

② ______ are fine. ______ 괜찮아.

---

8 **they**(그들) / **ugh**(욱) / **food**(음식)

① ______ , the ______ tastes bad. ______ , ______ 맛이 없네.

② ______ are angry. ______ 화가 나 있다.

---

9 **them**(그들) / **hey**(야) / **you**(너희들)

① ______ , stop fighting! ______ , 싸움을 멈춰!

② ______ make ______ run away. ______ ______ 도망가게 한다.

---

10 **he**(그) / **alas**(아이고) / **father**(아버지)

① ______ , my ______ is ill. ______ , 나의 ______ 건강이 좋지 않으셔.

② ______ can't walk. ______ 걸을 수가 없어.

11 she(그녀) / hurray(와) / team(팀)

① ☐ , our ☐ is doing well! ☐ , 우리 ☐ 잘하고 있어!

② ☐ is winning. ☐ 이기고 있어.

12 I(나) / hi(안녕) / Kijung(기정)

① ☐ , my name is ☐ . ☐ , 내 이름은 ☐ 이야.

② ☐ am from Korea. ☐ 한국에서 왔어.

13 we(우리) / what(뭐라고) / Jeju Island(제주도)

① ☐ ! ☐ don't have money? ☐ ! ☐ 돈이 없다고?

② Then, we can't go to ☐ . 그러면, 우리는 ☐ 에 갈 수 없어.

14 it(그것) / ah(아) / pencil(연필)

① The ☐ is expensive. ☐ 비싸다.

② ☐ , I can't buy ☐ . ☐ , 난 ☐ 살 수 없어.

15 you(너) / whoa(와) / people(사람들)

① ☐ , ☐ make everyone happy. ☐ , ☐ 모든 사람들을 행복하게 한다.

② ☐ like you. ☐ 너를 좋아한다.

16 her(그녀) / phew(이야) / Jennifer(제니퍼)

① ______, ______ runs away. ______, ______ 도망간다.

② Catch ______! ______ 잡아!

17 I(나) / eh(어라) / mother(어머니)

① ______, ______ feel hungry. ______, ______ 배가 고프네.

② I ask my ______ for dinner. 나는 ______ 저녁을 부탁한다.

18 yay(와) / water(물) / us(우리)

① ______! ______ is here! ______! ______ 여기 있다!

② It saves ______. 그것은 ______ 살린다.

19 I(나) / God(신이시여) / me(나)

① ______! Give ______ strength. ______! ______ 힘을 주소서.

② ______ need to win. ______ 이겨야 합니다.

20 Linda(린다) / shh(쉿) / name(이름)

① ______, the baby sleeps. ______, 아기가 자고 있어.

② ______ is her ______. ______ 그녀의 ______ 이야.

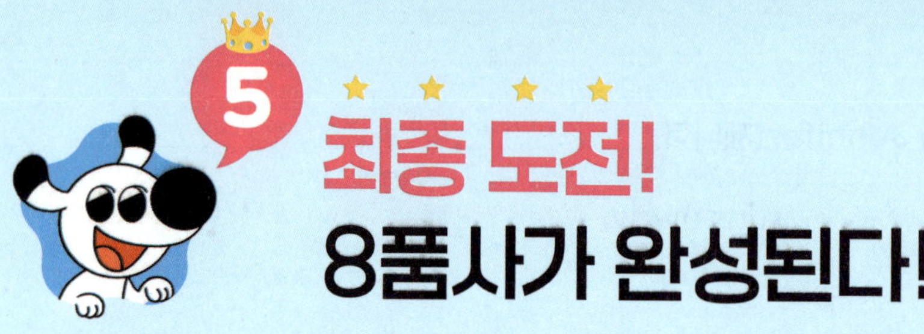

1 어떤 친구의 일기예요. 이 문장을 읽으면서 빈칸에 알맞은 품사를 쓰세요.

1   Today   was   a   fun   day.

명사   (   )   형용사   (   )   명사

2   I   went   to   school   in   the   morning.

(   )   동사   (   )(   )   전치사   형용사   명사

3   We   had   math   and   English   classes.

대명사   (   )   명사   (   )   명사   (   )

4   I   played   soccer   with   my   friends   at   lunch.

대명사   (   )   명사   (   )   형용사   명사   (   )   명사

5   I   scored   one   goal   and   felt   happy.   Yeah!

대명사   (   )   형용사   (   )   접속사   (   )   형용사   (   )

6 After school, I went to the library.

전치사 (　　　) 대명사 (　　　) 전치사　형용사 (　　　)

7 I read a book about animals.

대명사 (　　　) 형용사 (　　　)(　　　) 명사

8 The pictures were very cute.

형용사 (　　　) 동사 (　　　)(　　　)

9 In the evening, I did my homework.

전치사　형용사 (　　　) 대명사 (　　　) 형용사 (　　　)

10 Now I will go to bed.

(　　　) 대명사　동사　동사 (　　　)(　　　)

8품사에 대한 감이 좀 잡히셨나요?

Part 1에서 8품사 훈련을 통해 좋은 씨앗을 심었으니, 다음에 나오는 다양한 글에
그 개념을 적용해 그 씨앗을 키워 보세요.

2 재미있는 brain teaser이에요.
이 글의 정답을 생각하며, 빈칸에 알맞은 품사를 쓰세요.

A farmer has a lion, a chicken, and a bag of grain.

The farmer wants all of them on the other side of the river.

A small boat can carry the farmer and one thing at a time.

The chicken eats the grain.

The lion eats the chicken. When the farmer is with them,

they never eat. The lion does not eat the grain.

The lion and the chicken do not walk away.

How can the farmer move all of them across the river?

A farmer has a lion, a chicken, and a bag of grain.

형용사 (¹   )(²   ) 형용사 (³   ) 형용사 (⁴   )(⁵   ) 형용사 명사 (⁶   ) 명사

The farmer wants all of them on the other side of

형용사 (⁷   )(⁸   ) 대명사 (⁹   ) 대명사 (¹⁰   ) 형용사 (¹¹   )(¹²   ) 전치사

48

the   river.   A   small   boat   can   carry   the   farmer   and

형용사 (13   ) 형용사 (14   )(15   ) 동사 (16   ) 형용사   명사 (17   )

one   thing   at   a   time.   The   chicken   eats   the   grain.

형용사 (18   )(19   ) 형용사 (20   ) 형용사 (21   )(22   ) 형용사   명사

The   lion   eats   the   chicken.   When   the   farmer   is   with

형용사 (23   )(24   ) 형용사   명사 (25   ) 형용사 (26   )(27   )(28   )

them,   they   never   eat.   The   lion   does   not   eat   the   grain.

(29   )(30   )(31   ) 동사   형용사   명사   동사   부사 (32   ) 형용사 (33   )

The   lion   and   the   chicken   do   not   walk   away.

형용사 (34   )(35   ) 형용사 (36   ) 동사 (37   ) 동사 (38   )

How   can   the   farmer   move   all   of   them   across   the   river?

부사 (39   )(40   ) 명사 (41   )(42   )(43   ) 대명사   전치사 (44   )(45   )

3 아래는 brain teaser의 답이에요. 이 답을 읽으면서 빈칸에 품사를 쓰세요.

1. Take the chicken across the river.

2. Come back with an empty boat.

3. Take the grain across the river.

4. Bring the chicken back.

5. Take the lion across the river.

6. Come back with an empty boat.

7. Take the chicken across the river.

Take	the	chicken	across	the	river.
(1)	형용사	명사	(2)	형용사	(3)

Come	back	with	an	empty	boat.
동사	(4)	(5)	형용사	(6)	명사

Take	the	grain	across	the	river.
동사	형용사	명사	(7)	형용사	(8)

Bring	the	chicken	back.
(9)	형용사	(10)	부사

Take	the	lion	across	the	river.
동사	형용사	(11)	(12)	형용사	(13)

Come	back	with	an	empty	boat.
(14)	부사	(15)	형용사	(16)	(17)

Take	the	chicken	across	the	river.
동사	(18)	(19)	전치사	형용사	(20)

단어가 문장 속에서
하는 역할 찾기

문장 성분

'문장 성분'은 단어가 문장에서 하는 역할이야.
주어, 서술어, 목적어, 보어, 수식어, 총 5가지가 있지!
전부 말씀 어語로 끝나. 참고로, 서술어에 해당하는 말은
품사가 동사여서, '서술어' 대신에 '동사'로 자주 쓰여!

문장 성분 진단평가

❀ ❀ ❀

진단평가를 풀어 본 후, 자신이 어려워하는 부분을
참고하여 공부 계획을 세워 보세요.

❁ 초등 고학년 이상인 경우

잘 모르는 내용이 나오더라도, 문제를 끝까지 풀고 몇 개 맞았는
지 확인해 보세요. 내가 집중해서 학습해야 하는 부분이 무엇인
지 알 수 있을 거예요!

❁ 아직 초등 저학년인 경우

문장 성분이 무엇인지 아직 모른다면, 진단평가를 넘겨도 괜찮
아요! Unit 6부터 차근차근 익히면서 공부하세요.

1 ~ 3 주어에 ◯표 하세요.

1 I eat bread.

2 You like dogs.

3 He plays games.

1 ~ 3 주어(Subject)

: 행동의 주체
('~은, 는, 이, 가'로 해석)
* 주로 문장 맨 앞에 위치

You read books.
당신은 책을 읽는다.

4 ~ 6 서술어(동사)에 ◯표 하세요.

4 She reads books.

5 We watch movies.

6 They drink milk.

4 ~ 6 서술어(Predicate, Verbal Predicate)

: 주어에 대해 설명하는 말
('~다'로 해석)
* 주로 주어 바로 뒤에 위치
* 이 책에서 서술어는 동사인 서술어를 지칭

You read books.
당신은 책을 읽는다.

7 ~ 10 목적어에 ◯표 하세요.

7 I play soccer.

8 I draw pictures.

9 Birds build nests.

10 Students study English.

7 ~ 10 목적어(Object)

: 행동의 대상
('~을, 를'로 해석)
* 주로 서술어 뒤에 위치

You read books.
당신은 책을 읽는다.

11~15 밑줄 친 부분이 목적어인지 보어인지 빈칸에 쓰세요.

11 We read <u>books</u>.

12 She is <u>happy</u>.

13 They made her <u>captain</u>.

14 He is <u>a student</u>.

15 I like <u>pizza</u>.

11~15 보어(Complement)

: 보충하는 말
* 서술어나 목적어 뒤에 위치

I am Tom.
나는 톰이다.

You make me happy.
너는 나를 행복하게 만든다.

16~20 밑줄 친 부분이 보어인지 수식어인지 빈칸에 쓰세요.

16 The soup tastes <u>good</u>.

17 The cat sleeps <u>quietly</u>.

18 She lives <u>in Japan</u>.

19 We call her <u>secretly</u>.

20 We call her <u>Lucy</u>.

16~20 수식어(Modifier)

: 꾸며주는 말

I walk slowly.
나는 천천히 걷는다.

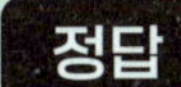

문장 성분 진단평가 정답

주어　❶ I　❷ You　❸ He
맞은 개수 / 3

서술어　❹ reads　❺ watch　❻ drink
맞은 개수 / 3

목적어　❼ soccer　❽ pictures　❾ nests　❿ English
맞은 개수 / 4

보어　⓫ 목적어　⓬ 보어　⓭ 보어　⓮ 보어　⓯ 목적어
맞은 개수 / 5

수식어　⓰ 보어　⓱ 수식어　⓲ 수식어　⓳ 수식어　⓴ 보어
맞은 개수 / 5

**총 20문제 중 몇 문제를 맞았나요?
또 어떤 문장 성분에서 많이 틀렸나요?**

할 만한 문제도 있었지만 일부는 까다롭게 느껴졌을 거예요. 하지만 이 책을 다 마치면, 해석이나 정의의 도움 없이 문장 성분을 구별할 수 있을 거예요!

문장 성분 정의 한눈에 보기

1 주어 Subject 행동의 주체('~은, 는, 이, 가' 로 해석) *주로 문장 맨 앞에 위치

ex Fish live in water. 물고기는 물에 산다.
   주어

2 서술어 Predicate 행동을 나타내는 말 ('~다'로 해석) *주로 주어 바로 뒤에 위치

ex He jumps. 그는 뛴다.
   서술어

3 보어 Complement 보충하는 말 *be동사(is, are, am) 뒤에 오는 경우가 많음

ex This is ice. 이것은 얼음이다.
   보어

4 목적어 Object 행동의 대상 ('~을, 를'로 해석) *주로 서술어 뒤에 위치

ex Someone broke the window. 누군가 창문을 부쉈다.
   목적어

5 수식어 Modifier 꾸며주는 말 (구체적으로 만들어 주는 말)

ex They eat quickly. 그들은 빠르게 먹는다.
   수식어

5가지의 문장 성분을 핵심만 정리하면 아래와 같아요. 

주어 는 시작 / 서술어 는 움직임 /

보어 는 보충 / 목적어 는 대상 / 수식어 는 꾸며주는 것

더 잘 기억하기 위해 재미있는 말을 만들어 보는 게 좋겠죠!

문장 성분의 앞 글자만 따면?

주서(주워) **보목수**(보조 목수)

  # 문장 성분과 품사의 관계를 알아보자! 

1 주어나 목적어가 될 수 있는 품사는 명사와 대명사뿐입니다. 주어나 목적어 자리에 (대)명사를 넣으면 자연스럽지만, 다른 품사를 넣으면 이상합니다.

주어 서술어 목적어

Kids like me. 아이들은 나를 좋아한다. ➡ Kids like my. 아이들은 나의를 좋아한다.
명사   동사   대명사 〇   명사   동사   형용사 ✕

* 목적어 자리에 형용사가 와서 틀린 문장입니다. (소유격(~의)은 형용사)

2 서술어 자리에는 동사가 옵니다.

주어   서술어

People die. 사람은 죽는다. ➡ People dead. 사람은 죽은.
명사   동사 〇   명사   형용사 ✕

* 서술어 자리에 형용사가 와서 틀린 문장입니다.

3 보어가 될 수 있는 품사는 명사, 형용사뿐입니다.

주어 서술어 보어   주어 서술어 보어

This is ice. 이것은 얼음이다. / This is cold. 이것은 차갑다. ➡ This is coldly. 이것은 차갑게이다.
대명사 동사 명사 〇   대명사 동사 형용사 〇   대명사 동사 부사 ✕

* 보어 자리에 부사가 와서 틀린 문장입니다.

4 수식어가 될 수 있는 품사는 형용사, 부사뿐입니다.

주어   서술어   수식어   목적어

She likes funny movies. 그녀는 웃긴 영화를 좋아한다.
대명사 동사   형용사   명사   〇 명사 앞에서 명사를 꾸미는 것은 형용사 수식어

주어   서술어   수식어

Jack smiles joyfully. 잭은 기쁘게 미소 짓는다.
명사   동사   부사   〇 동사를 꾸미는 것은 부사 수식어

주어   서술어   수식어

Jack smiles with joy. 잭은 기쁘게 미소 짓는다.
명사   동사 전치사＋명사＝부사 〇 '전치사＋명사'는 부사 수식어

* '전치사 + 명사 = 부사'이기 때문에 수식어로 쓰입니다.

6 주어와 서술어를 구별하는 법

주어Subject는 행동의 주체이다

주어는 문장의 주인이에요. 주로 **문장 맨 앞에 위치**하죠. 주어 자리에는 **명사**와 **대명사**를 쓸 수 있어요. 해석은 '~은, 는, 이, 가'로 해요.

주어　서술어　목적어

❶ Jenny likes ice cream.　제니는 아이스크림을 좋아한다.

명사　동사　명사

➡ 아이스크림을 좋아하는 것은 Jenny제니로, 문장의 주인이에요.

주어　서술어　목적어

❷ She likes ice cream.　그녀는 아이스크림을 좋아한다.

대명사　동사　명사

➡ 아이스크림을 좋아하는 것은 She그녀로, 문장의 주인이에요.

잠깐!
Quiz 1 ✎　주어 자리에 쓰이는 품사는?

명사 / 대명사 / 동사

서술어Predicate는 주어를 설명하는 말이다

서술어는 문장에서 주어에 대해 설명(서술)하는 부분이에요. 주로 **주어 바로 뒤에 위치**하죠. 서술어 자리에는 동사를 쓰고, 해석은 '~다'로 해요.

주어　서술어　　목적어

❶　I　like　ice cream.　　나는 아이스크림을 좋아한다.

대명사　동사　　　명사

➡ 주어인 I나를 like좋아한다가 설명(서술)해요.

주어　서술어

❷　I　run.　나는 달린다.

대명사　동사

➡ 주어인 I나를 run달린다이 설명(서술)해요.

주어　　서술어　　　보어

❸　To see　is　to believe.　보는 것이 믿는 것이다. (속담: 백문이 불여일견)

동사

➡ see보다, is이다, believe믿다 모두 품사가 동사이지만, 서술어는 is뿐이에요. 서술어인 is만 '~다'로 해석되고, 다른 단어는 '~다'로 해석되지 않았어요.

> **잠깐! Quiz 2** 서술어는 문장에서 　주어 / 동사　에 대한 설명을 한다.

비교하면 문장 성분이 보인다!

❀ 밑줄 친 부분이 주어Subject면 S를 쓰고, 서술어Predicate면 V를 쓰세요.

1. <u>He</u> is a doctor.   **S**

2. Jason <u>watches</u> a movie.

3. Jenny <u>speaks</u> English.

4. <u>She</u> helps her mother.

5. <u>The girls</u> eat pasta.

6. They <u>go</u> home.

7. He <u>plays</u> baseball.

8. <u>Jason</u> is late.

9. She <u>is</u> a student.

10 Jenny helps a boy.

11 They go to school.

12 The boys are friends.

13 We are a team.

14 We like books.

15 She is a leader.

16 A leader listens to others.

17 The dog is cute.

18 I eat bread.

19 Ice cream is expensive.

20 Jenny misses her mom.

7 목적어를 구별하는 법

목적어Object는 행동의 대상이다

목적어는 서술어(동사)의 대상이에요. 주로 **서술어 뒤에 위치하고,** '~을, 를'로 해석하죠. 목적어 자리에는 명사와 대명사를 써요.

주어	서술어	목적어

❶ She eats cake. 그녀는 케이크를 먹는다.

대명사	동사	명사

➡ 서술어인 eat먹다의 **대상**이 cake케이크예요. 따라서 문장의 목적어가 cake케이크예요.

주어	서술어	목적어

❷ She eats it. 그녀는 그것을 먹는다.

대명사	동사	대명사

➡ 서술어인 eat먹다의 **대상**이 it그것이에요. 따라서 문장의 목적어가 it그것이에요.

목적어는 한 문장에 두 개가 들어갈 수도 있어요.

주어	서술어	(간접)목적어	(직접)목적어

❸ Santa gives us presents. 산타는 우리에게 선물을 준다.

명사	동사	대명사	명사

| 간접목적어 = IO
Indirect Object | 서술어(동사)의 행동에 간접적으로 영향을 받는 대상으로
'~에게'에 해당해요. |
| 직접목적어 = DO
Direct Object | 서술어(동사)의 직접적인 행동의 대상으로
'~을, 를'에 해당해요. |

➡ 목적어가 두 개가 필요한 서술어(동사)는 give^{주다}, buy^{사주다}, show^{보여주다}, send^{보내주다}, make^{만들어주다} 등이 있어요. '주어는 (간접목적어)에게 (직접목적어)를 주다/사주다/보여주다/보내주다/만들어주다'라고 해석하면 돼요.

잠깐!
Quiz 1　목적어는 　서술어 / 주어 　의 대상이다.

비교하면 문장 성분이 보인다!

✿ 밑줄 친 부분이 목적어Object면 O를 쓰고, 서술어Predicate면 V를 쓰세요.

1. She <u>helps</u> her mother. — V

2. He kicks <u>the ball</u>.

3. A monkey chases <u>a dog</u>.

4. He <u>does</u> his homework.

5. They eat <u>pizza</u>.

6. Jenny <u>misses</u> her father.

7. She <u>plays</u> the violin.

8. They like <u>books</u>.

9. She <u>throws</u> a stone.

10. Jason <u>helps</u> a girl.

11. He walks <u>a dog</u>.

12. I take <u>a shower</u>.

13. She <u>plays</u> volleyball.

14. Jason <u>takes</u> a walk.

15. She gives <u>milk</u> to him.

16. I <u>read</u> a book.

17. We eat <u>bread</u>.

18. I <u>drink</u> water.

19. Jason speaks <u>English</u>.

20. He watches <u>a movie</u>.

8 보어를 구별하는 법

보어Complement는 보충하는 말이다

보어는 주격보어와 목적격보어, 두 가지 종류가 있어요. 주격보어는 주어를 보충하고, 목적격보어는 목적어를 보충해요. 보어 자리에는 **명사**와 **형용사**를 써요.

1 주격보어Subject Complement는 주어를 보충하는 말

주어	서술어	(주격)보어
❶ I	am	Tom.
대명사	동사	명사

나는 **톰**이다.

➡ 주어인 I가 Tom톰이에요. 따라서 Tom은 문장의 보어예요.

주어	서술어	(주격)보어
❷ I	am	happy.
대명사	동사	형용사

나는 **행복**하다.

➡ 주어인 I가 happy행복한 상태예요. 따라서 happy는 문장의 보어예요.

2 목적격보어Object Complement는 목적어를 보충하는 말

주어	서술어	목적어	(목적격)보어
❶ People	call	me	Tom.
명사	동사	대명사	명사

사람들은 **나를** **톰**이라고 부른다.

➡ 목적어인 me가 Tom톰이에요. 따라서 Tom은 (목격적)보어예요.

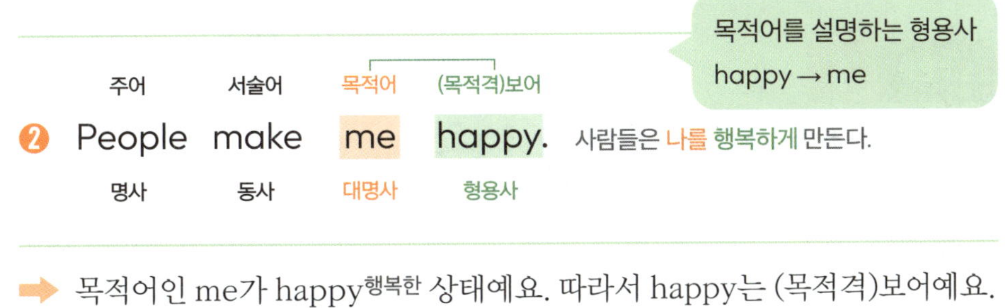

➡ 목적어인 me가 happy행복한 상태예요. 따라서 happy는 (목적격)보어예요.

그럼 보어와 목적어를 비교해 볼게요.

➡ 여기서 Tom은 (주격)보어예요. 주어 I와 같기 때문이에요.

➡ 여기서 Tom은 목적어예요. 주어 I와 같지 않기 때문이에요.

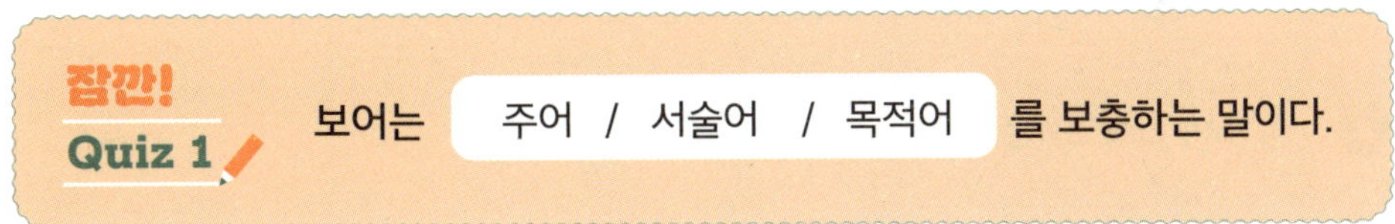

비교하면 문장 성분이 보인다!

⚙ 밑줄 친 부분이 보어Complement면 C를 쓰고, 목적어Object면 O를 쓰세요.

1 ① He sees <u>a teacher</u>.

O

② He is <u>a teacher</u>.

C

2 ① She is <u>a girl</u>.

② She helps <u>a girl</u>.

3 ① They visit <u>friends</u>.

② They are <u>friends</u>.

4 ① He becomes <u>a doctor</u>.

② He meets <u>a doctor</u>.

5 ① She remains <u>a student</u>.

② She helps <u>a student</u>.

6 ① They stay <u>friends</u>.

② They greet <u>friends</u>.

7 ① We join <u>a team</u>.

② We become <u>a team</u>.

8 ① She becomes <u>the leader</u>.

② She follows <u>the leader</u>.

9 ① The dog chases <u>a pet</u>.

② The dog becomes <u>a pet</u>.

10 ① We are <u>a team</u>.

② We support <u>a team</u>.

9 수식어를 구별하는 법

수식어Modifier는 꾸며주는 말이다

수식어는 형용사 수식어와 부사 수식어, 두 가지 종류가 있어요. 형용사 수식어는 형용사로 쓰여 명사를 수식하고, 부사 수식어는 부사로 쓰여 동사, 형용사, 부사, 문장 전체를 수식해요.

① 형용사가 수식어일 때

주어	서술어	수식어	목적어
She	likes	funny	movies.
대명사	동사	형용사	명사

She likes **funny** movies. 그녀는 웃긴 영화를 좋아한다.

➡ 형용사인 funny가 명사인 movies를 수식해요.

② 부사가 수식어일 때

①

주어	서술어	수식어
They	eat	quickly.
대명사	동사	부사

They eat **quickly.** 그들은 빠르게 먹는다.

➡ 부사인 quickly가 동사인 eat을 수식해요.

②

주어	서술어	수식어	보어
Babies	are	really	cute.
명사	동사	부사	형용사

Babies are **really** cute. 아기들은 정말 귀엽다.

➡ 부사인 really가 형용사인 cute를 수식해요.

주어　　서술어　　수식어　　수식어

❸ He talks fairly clearly.　그는 상당히 분명하게 말한다.

대명사　　동사　　부사　　　부사

➡ 부사인 fairly가 부사인 clearly를 수식해요.

수식어　　　　　　　　　　　문장

❹ Fortunately, they couldn't find my secret.

다행히, 그들은 내 비밀을 찾지 못했다.

➡ 부사인 Fortunately가 문장 전체를 수식해요.

* 수식어는 가까이에 있는 단어를 수식하는 경우가 많아요. 단, 동사를 수식할 때는 위치가 다양해요!

**잠깐!
Quiz 1** ✏　　수식어는 품사 중에서 　형용사 / 부사 / 동사 　가 쓰인다.

 # 수식어와 보어 구별법을 알아보자! 

1 품사로 구별하는 법

동사 뒤에 **부사**가 있으면 → 수식어	주어　서술어　　　수식어 I　feel　**strongly.** 대명사　동사　　　부사
동사 뒤에 **형용사**가 있으면 → 보어	주어　서술어　(주격)보어 I　feel　**strong.** 대명사　동사　형용사

2 의미로 구별하는 법

동사를 꾸미면 → 수식어	I　feel　**strongly.** 나는 (문제에 대해) 강하게 느낀다. [부당한 것을 볼 때 하는 말] ➡ 이 문장에서 strongly^{강하게}는 feel(동사)을 설명해요. : strongly가 feel을 꾸며줌 → 수식어
주어를 설명하면 → 보어	I　feel　**strong.** 나는 (내가) 튼튼하다고 느낀다. [몸에 좋은 음식을 먹고 하는 말] ➡ 이 문장에서 strong^{튼튼한}은 I(주어)를 설명해요. : strong이 주어의 상태를 설명 → 보어

형용사는 언제 보어가 되고, 수식어가 될까?

 형용사가 보어가 될 때

보어

I am **happy.**　나는 행복하다.

대명사　동사　　형용사

➡ 형용사가 동사 뒤에 오고, ㄴ받침으로 해석되지 않아요(행복하다)! :　보어

 형용사가 수식어가 될 때

수식어

Happy people smile.　행복한 사람들은 웃는다.

형용사　　　명사　　　동사

➡ 형용사가 명사 앞에 오고, ㄴ받침(행복한)으로 해석돼요. :　수식어

비교하면 문장 성분이 보인다!

✿ 밑줄 친 부분이 수식어Modifier면 M을 쓰고, 보어Complement면 C를 쓰세요.

1 ① She smiles <u>happily</u>.　　**M**

　　② She is <u>happy</u>.　　**C**

2 ① He is <u>kind</u>.

　　② He speaks <u>kindly</u>.

3 ① They speak <u>quietly</u>.

　　② They are <u>quiet</u>.

4 ① The flower is <u>beautiful</u>.

　　② The flower blooms <u>beautifully</u>.

5 ① I speak <u>strongly</u>.

　　② I am <u>strong</u>.

문장이 써지면 이 문장 성분은 OK!

🌸 빈칸에 알맞은 단어를 쓰세요.

1 loud / loudly

① The boy shouts ________.

② The boy is ________.

2 calm / calmly

① The baby is ________.

② The baby sleeps ________.

3 slow / slowly

① We walk ________.

② We are ________.

4 quick / quickly

① The dog is ________.

② The dog runs ________.

5 careful / carefully

① You drive ________.

② You are ________.

문장이 분석되면 이 문장 성분은 끝!

✿ 문장에서 수식어Modifier를 찾아 ○표 하고, 수식어가 꾸미는 단어를 빈칸에 쓰세요.

1 She laughs loudly.　　　　laughs

2 He runs fast.

3 The big dog barked.

4 The red apple fell.

5 They sit quietly.

6 The man is very tired.

7 The boy studies hard.

8 The girl eats slowly.

9 The baby cries loudly.

10. The soup is quite salty.

11. The room is very dark.

12. Birds fly high.

13. The yellow flower bloomed.

14. The sky is really clear.

15. The teacher speaks clearly.

16. The stars shine brightly.

17. The river is extremely long.

18. The street looks very busy.

19. The student writes neatly.

20. The tall boy smiled.

구와 절을
구별하는 법

✿ 문법 설명에 자주 등장하는 '단어', '구', '절', '문장'을 정리해 볼게요.
아래 문장을 두 덩어리로 나눠 보세요.

문장

I like hot coffee but she likes cold coffee.

나는 뜨거운 커피를 좋아한다 하지만 그녀는 차가운 커피를 좋아한다.

문장(Sentence)
: 마침표 단위

어떤 단어를 경계로 두 덩어리를 나눴나요? 아래와 같은 식으로 나누셨죠?

절①   절②

주어 서술어   주어   서술어

I   like hot coffee (but) she likes cold coffee.

대명사 동사   대명사   동사

절(Clause)
: 덩어리('주어 + 서술어' 포함 O)

절Clause은 주어와 서술어(동사)가 포함된 덩어리이다

여기서 이미 우리는 문장과 절을 정리한 거예요. '문장'은 '마침표(.)로 묶인 단위'
이고, '절'은 '주어(명사) + 서술어(동사)가 포함된 덩어리'예요.

구Phrase는 주어와 서술어(동사)가 포함되지 않는 덩어리이다

다시 문장을 살펴봐요. 절① I like hot coffee에서 두 단어가 한 개념을 나타내는 부분이 있어요. 바로 hot coffee예요. 마찬가지로, 절② she likes cold coffee에서도 두 단어가 한 개념으로 나타난 cold coffee가 보이네요.

hot coffee와 cold coffee처럼 '두 단어 이상이 합쳐져서 하나의 개념을 나타내는 말'이 '구'예요. 구에는 '주어(명사) + 서술어(동사)'가 포함되어 있지 않아요.

구①　　　　　　　　　구②
I like **hot coffee** but she likes **cold coffee**.
　　형용사　명사　　　　　　　형용사　명사

구(Phrase)
: 덩어리('주어 + 서술어' 포함 X)

그럼 단어는 무엇일까요? '단어'는 '독립적으로 쓸 수 있는 의미상의 최소 단위'예요.

I like hot coffee but she likes cold coffee.

단어(Word)
: 띄어쓰기 단위

잠깐!
Quiz 1

문장, 절, 구, 단어를 알맞은 곳에 넣어 보세요.

☐ : 띄어쓰기 단위

☐ : 덩어리('주어 + 서술어(동사)' 포함 ✕)

☐ : 덩어리('주어 + 서술어(동사)' 포함 ◯)

☐ : 마침표 단위

비교하면 분석이 된다!

❀ 밑줄 친 부분이 '구'이면 '구', '절'이면 '절'이라고 쓰세요.

---

1 ① I know <u>your kindness</u>. 구

 ② I know <u>you are kind</u>. 절

---

2 ① She doubts <u>his honesty</u>.

 ② She doubts <u>he is honest</u>.

---

3 ① I don't go out <u>if it rains heavily</u>.

 ② I don't go out <u>in case of heavy rain</u>.

---

4 ① She doesn't buy fur coats <u>without a discount</u>.

 ② She doesn't buy fur coats <u>if they are not discounted</u>.

---

5 ① He stays home <u>because he has a high fever</u>.

 ② He stays home <u>because of a high fever</u>.

---

6 ① He studied hard <u>for the test</u>.

② He studied hard <u>so he could pass the test</u>.

7 ① We play inside <u>because it rains</u>.

② We play inside <u>because of the rain</u>.

8 ① She hates <u>his bad attitude</u>.

② She hates <u>that he has a bad attitude</u>.

9 ① I am sorry <u>that I am late</u>.

② I am sorry <u>for being late</u>.

10 ① I am happy <u>that you are married</u>.

② I am happy <u>about your marriage</u>.

구와 절이 헷갈릴 때 이렇게 외워 보세요.
'절'은 절대로 '주어(명사)+서술어(동사)'가 필요해!
'구'는 '주어(명사)+서술어(동사)'가 빠져 구멍이 뚫려 있어!

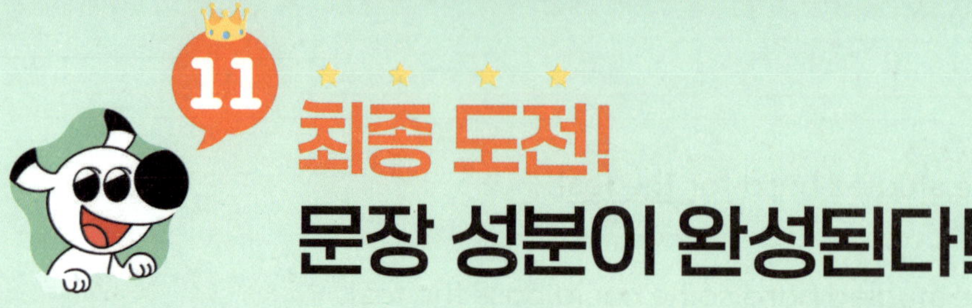

1 어떤 친구의 방학 일기예요. 이 문장을 읽으면서 빈칸에 알맞은 문장 성분을 쓰세요.

1
It   is   my winter vacation   now.
(   ) 서술어   (   )   수식어

2
I   don't go   to school   these days.
주어   (   )   수식어   (   )

3
I   stay   home   because it is cold outside.
주어   서술어   (   )   (   )

4
I   drink   hot chocolate   every morning.
주어   (   )   (   )   수식어

5
Sometimes   I   play   in the snow.
(   )   주어   (   )   수식어

6

<u>I</u>   make   a snowman   with my friends.

주어   (   )   목적어   (   )

7

<u>My family</u>   <u>watches</u>   <u>movies</u>   <u>together</u>.

주어   (   )   목적어   (   )

8

<u>I</u>   read   books   <u>in my warm bed</u>.

(   )   서술어   목적어   (   )

9

<u>The vacation</u>   <u>is</u>   <u>fun</u>.

(   )   서술어   (   )

10

<u>I</u>   will <u>go</u>   <u>back</u>   <u>to school soon</u>.

주어   (   )   수식어   (   )

짧은 문장을 통해서 문장 성분을 정리해 봤어요.
문장 성분에 대해 감이 좀 잡히셨나요?

2 재미있는 brain teaser예요.
어떤 스위치가 어떤 전구에 연결되었는지 생각하며, 빈칸에 알맞는 문장 성분을 쓰세요.

You are in a room with three switches. The door is closed.

Each switch controls a different light bulb in the next room.

You can't see the three light bulbs now.

You can see them only after you enter the next room through the door.

When you open the door, you can never touch the switches again.

You must match each switch with its bulb.

You   are   in a room   with three switches.

주어 (¹   )   수식어   수식어

The door   is   closed.

(²   )   서술어   보어

Each switch   controls   a different light bulb   in the next room.

주어   서술어   목적어   (³   )

You   can't see   the three light bulbs   now.

(4)   서술어   (5)   수식어

You   can see   them   only after you enter the next room   through the door.

주어   서술어 (6)   수식어   (7)

When you open the door,   you   can never touch   the switches   again.

수식어   (8)   서술어   (9)   수식어

You   must match   each switch   with its bulb.

주어   서술어   목적어   (10)

3 아래는 퀴즈의 답이에요. 이 답을 읽으면서 빈칸에 문장 성분을 쓰세요.

> You turn on the first and the second switch.
>
> After ten minutes, you turn off the second switch.
>
> Then you go through the door.
>
> One bulb is on. This bulb matches the first switch.
>
> One bulb is off but warm. This bulb matches the second switch.
>
> One bulb is off and cold. This bulb matches the third switch.

You　　turn on　　the first and the second switch.
주어　　(1　　)　　　　　　목적어

After ten minutes,　　you　　turn off　　the second switch.
(2　　)　　(3　　)　　서술어　　　목적어

Then　　you　　go　　through the door.
수식어　　주어　　(4　　)　　(5　　)

One bulb　　is　　on.　　This bulb　　matches　　the first switch.
(6　　)　　서술어　　보어　　주어　　(7　　)　　목적어

One bulb　　is　　off but warm.
주어　　서술어　　(8　　)

This bulb　　matches　　the second switch.
주어　　(9　　)　　목적어

One bulb　　is　　off and cold.
주어　　서술어　　(10　　)

This bulb　　matches　　the third switch.
주어　　(11　　)　　목적어

문장 형식

'문장 형식'은 올바르다고 인정하는 문장의 패턴이야.
문장 형식에는 1~5형식 문장 총 5가지가 있지.
문장 형식은 왜 알아야 할까?
첫째, 의미 파악에 도움을 주고, 둘째, 문법 설명을 이해하게 해 줘!
셋째, 완전한 문장의 기준을 제시해. 그럼 이제부터 제대로 알아볼까?

문장 형식 진단평가

❋ ❋ ❋

진단평가를 풀어 본 후, 자신이 어려워하는 부분을
참고하여 공부 계획을 세워 보세요.

✿ 초등 고학년 이상인 경우

잘 모르는 내용이 나오더라도, 문제를 끝까지 풀고 몇 개 맞았는
지 확인해 보세요. 내가 집중해서 학습해야 하는 부분이 무엇인
지 알 수 있을 거예요!

✿ 아직 초등 저학년인 경우

문장 형식이 무엇인지 아직 모른다면, 진단평가를 넘겨도 괜찮
아요! Unit 12부터 차근차근 익히면서 공부하세요.

1	The baby cried loudly.	형식 문장
2	She sent her friend a letter.	형식 문장
3	I found the story interesting.	형식 문장
4	The soup tastes good.	형식 문장
5	He gave me a gift.	형식 문장
6	Birds fly.	형식 문장
7	I like sweet apples.	형식 문장
8	She is kind.	형식 문장
9	People call me Jack.	형식 문장
10	She read the book.	형식 문장

11　The baby cried.

형식 문장

12　He gave me a beautiful gift.

형식 문장

13　The soup tastes good today.

형식 문장

14　I found the story very interesting.

형식 문장

15　She read the book quietly.

형식 문장

16　She sent her friend a letter yesterday.

형식 문장

17　Birds fly in the sky.

형식 문장

18　She is very kind.

형식 문장

19　I like apples.

형식 문장

20　They named the baby Tom yesterday.

형식 문장

문장 형식 진단평가 정답

맞은 개수	/ 20

① 1	② 4	③ 5	④ 2
⑤ 4	⑥ 1	⑦ 3	⑧ 2
⑨ 5	⑩ 3	⑪ 1	⑫ 4
⑬ 2	⑭ 5	⑮ 3	⑯ 4
⑰ 1	⑱ 2	⑲ 3	⑳ 5

**총 20문제 중 몇 문제를 맞았나요?
또 어떤 문장 형식에서 많이 틀렸나요?**

할 만한 문제도 있었지만 일부는 까다롭게 느껴졌을 거예요. 특히 문장 해석에만 의존한 학생들은 헷갈릴 수도 있었을 거예요. 이 책을 다 마치면, 이제 문장 해석과 관계 없이 문장 형식을 구별할 수 있을 거예요!

1 문장 형식은 문장을 이해하기 쉽게 한다

비슷해 보이는 세 문장을 읽어 보세요.

I like you. 나는 너를 좋아한다.
I like your presence. 나는 너의 존재를 좋아한다.
I like that you are here. 나는 네가 여기 있다는 것을 좋아한다.

여러분은 위에 있는 문장들의 의미를 파악하는 데에 문제가 없을 거예요. 그 이유는 머릿속으로 문장을 아래와 같은 구조로 파악하기 때문이지요.

I like you. 나는 너를 좋아한다.
I like your presence. 나는 너의 존재를 좋아한다.
I like that you are here. 나는 네가 여기 있다는 것을 좋아한다.

이렇게 색으로 강조된 부분이 like^{좋아하다}의 대상이 된다는 것을 알기 때문에, I like that you are here. 같은 다소 복잡한 형태의 문장도 의미 파악이 가능해지지요. 이렇게 문장 형식을 익히면 복잡해 보이는 문장도 쉽게 의미를 파악할 수 있어요.

2 문장 형식은 문법 설명의 도구가 된다

문장 형식을 모르면 문법 설명을 이해하지 못하는 경우가 많아요.

I want you to go there. ○
I hope you to go there. ✕

'5형식 문장'이 무엇인지 모르는 학생들이라면 위 예문과 설명을 읽고 맞는 문장과 틀린 문장을 구별할 수 없어요. 이렇게 문장 형식은 문법 설명을 이해하게 해 줘요.

③ 문장 형식은 '완전한 문장'의 기준이 된다

문장 형식을 모르면 불완전한 문장을 쓸 확률이 높아요.

I like you.　　　나는 너를 좋아한다.　

I like.　　　　나는 좋아한다.　

위 문장과는 다르게 아래 문장은 '무엇을' 좋아한다는 건지가 누락되어, 문장을 정확하게 이해하기 힘들어요. 이런 문장을 '불완전한 문장'이라고 하죠. 불완전한 문장은 엉성하기 때문에 의미 전달이 모호하죠. 따라서 학교 시험에서 답으로 요구하는 문장은 문장 형식이 제대로 갖춰진 완전한 문장이어야 해요.

 그럼 이제 문장의 5형식을 제대로 알아보러 가 보죠! ✿ ✿ ✿

1형식 문장	주어 + 동사(서술어)
2형식 문장	주어 + 동사(서술어) + 보어
3형식 문장	주어 + 동사(서술어) + 목적어
4형식 문장	주어 + 동사(서술어) + 간접목적어 + 직접목적어
5형식 문장	주어 + 동사(서술어) + 목적어 + 목적격보어

1형식 문장을 알아보는 법

⚙️ 문장 형식은 문장 성분(주어, 목적어, 보어 등)으로 설명하는데, 왜 동사는 품사 용어임에도 불구하고 문장 형식에서도 쓰일까요? 원칙상 '서술어'로 쓰는 것이 맞지만, 관습적으로 많이들 '동사'로 표기하고 있어, 이 책도 관습을 따랐어요.

1형식 문장은 '주어 + 동사(서술어)'이다

1형식 문장은 주어와 동사(서술어)만으로 되어 있어요. Subject주어와 Verb동사의 앞 글자를 따서 'S + V'로 표기하죠. 아주 간단하게 생겼지만 주의할 게 있어요. 바로, 수식어Modifier는 문장 형식에 영향을 주지 않는다는 점이죠.

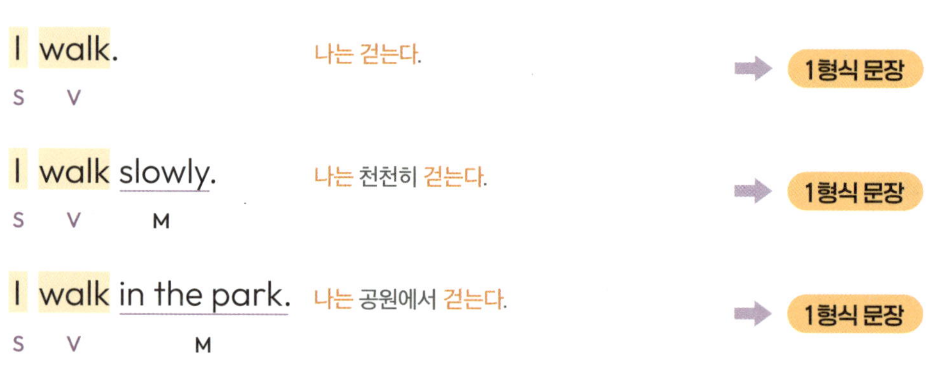

위처럼 수식어인 slowly는 문장 형식에서 없는 것으로 취급하기에 'I walk slowly.'도 1형식 문장이에요. 마찬가지로, in the park도 수식어(전치사 + 명사)이기 때문에, 'I walk in the park.'도 1형식 문장이에요.

잠깐! Quiz 1 ✏️ 1형식 문장 : ☐ + ☐

정답 Quiz
정답 | 1 주어, 동사(서술어)

비교하면 문장 형식이 보인다!

✿ 주어진 문장이 1형식 문장이면 1이라고 쓰고, 1형식이 아닌 경우 X라고 쓰세요.

1 I am happy.

형식 문장

2 You laugh loudly.

형식 문장

3 He swims in the pool.

형식 문장

4 She is smart.

형식 문장

5 It rains at night.

형식 문장

6 We walk to school.

형식 문장

7 They are busy.

형식 문장

8 Birds fly in the sky.

형식 문장

9 Dogs like bones.

형식 문장

10 Cats sleep in the sun.

형식 문장

⑪	Babies are cute.	형식 문장
⑫	Leaves fall in autumn.	형식 문장
⑬	Stars shine brightly.	형식 문장
⑭	The sun rises in the east.	형식 문장
⑮	The sun is bright.	형식 문장
⑯	Time is short.	형식 문장
⑰	Snow covers cars.	형식 문장
⑱	Flowers are beautiful.	형식 문장
⑲	Fish swim together.	형식 문장
⑳	Students are smart.	형식 문장

문장 형식을 알아보니까 어떤가요?
1형식 문장과 아닌 문장을 구별하는 훈련을 잘 마쳤습니다. 이번 문제로
1형식 문장도 수식어 때문에 길어질 수 있다는 점도 알게 되었을 거예요.

13 2형식 문장을 알아보는 법

❁ 모든 문장 형식은 'S + V'로 시작해요. 다시 말해, 완전한 문장은 '주어'와 '동사(서술어)'가 꼭 있어야 해요!

2형식 문장은 '주어 + 동사(서술어) + 보어'이다

2형식 문장에는 (주격)보어가 있어요. 주격보어는 보통 주격을 생략하고 보어라고 불러요. 영어도 마찬가지로 (Subject) Complement에서 앞 글자를 따서 C로 표기하죠. 보어는 동사 뒤에서 주어를 보충하는 역할을 해요.

❶ 보어가 명사인 경우, 주어와 같은 명사

I am Tom.   나는 톰이다.   I(주어) = Tom(명사)
S V C

❷ 보어가 형용사인 경우, 주어의 상태를 설명하는 형용사

I am happy.   나는 행복하다.   I(주어)의 상태가 happy(형용사)
S V C

2형식 문장의 동사로는 be동사^{am, are, is}나 감각동사^{look, sound, smell, taste, feel}가 많이 쓰여요. 또한, 2형식 문장에서도 수식어^M는 문장 형식에 영향을 주지 않아요.

I am happy.   나는 행복하다.   ➡ 2형식 문장
S V C

I am very happy here.   나는 여기서 매우 행복하다.   ➡ 2형식 문장
S V M   C   M

잠깐! Quiz 1 ✎   2형식 문장: [　] + [　] + [　]

비교하면 문장 형식이 보인다!

✿ 주어진 문장이 1형식 문장이면 1이라고 쓰고, 2형식 문장이면 2라고 쓰세요.

1	The milk tastes bad.	형식 문장
2	She is beautiful.	형식 문장
3	The dog runs in the park.	형식 문장
4	The boy runs fast.	형식 문장
5	I am tired.	형식 문장
6	The bird sings in the morning.	형식 문장
7	The girl walks to school.	형식 문장
8	The music sounds beautiful.	형식 문장
9	The room stays clean.	형식 문장
10	The man works at night.	형식 문장

⑪ The soup tastes good. | 형식 문장

⑫ The baby becomes quiet. | 형식 문장

⑬ The movie ends late. | 형식 문장

⑭ The cat feels warm. | 형식 문장

⑮ The weather changes quickly. | 형식 문장

⑯ He is tall. | 형식 문장

⑰ They study in the library. | 형식 문장

⑱ The children play outside. | 형식 문장

⑲ It looks funny. | 형식 문장

⑳ The sun shines brightly. | 형식 문장

Hint! 2형식에서 자주 나오는 감각동사를 쉽게 외우려면 얼굴에 손을 대고 기억해 보세요! – 눈(look), 코(smell), 입(taste), 귀(sound), 손(feel)

1형식 문장과 2형식 문장을 알아보니까 어떤가요?
1형식 문장과 2형식 문장을 구별하는 훈련을 잘 마쳤습니다.
이번 문제로 2형식 문장에 쓰이는 동사와 보어를 알아보는 힘이 길러졌을 거예요.

3형식 문장을 알아보는 법

3형식 문장은 '주어 + 동사(서술어) + 목적어'이다

3형식 문장에는 목적어가 쓰여요. Object목적어의 앞 글자를 따서 O로 표기하죠. 목적어는 '~을, 를'로 해석하고 동사의 대상이에요. 앞에서도 이야기했지만 목적어 자리에는 명사와 대명사만 올 수 있어요. 또한, 수식어는 문장 형식에 영향을 주지 않기 때문에, 3형식 문장에 수식어가 있어도 3형식 문장이에요.

I read books. S　V　　O	나는 책을 읽는다.	➡ 3형식 문장
I read books very fast. S　V　　O　　M	나는 책을 매우 빨리 읽는다.	➡ 3형식 문장

※ 1~3형식 문장을 구별하는 방법

❶ '주어 + 동사' 다음에 아무것도 없거나 수식어(부사)가 오면 ➡ 1형식 문장

❷ '주어 + 동사' 다음에 형용사가 오면 ➡ 2형식 문장

❸ '주어 + 동사' 다음에 (대)명사가 오면
- 주어 = (대)명사 ➡ 2형식 문장
- 주어 ≠ (대)명사 ➡ 3형식 문장

He is Tom. S　V　C	그는 톰이다.	He(주어) = Tom(보어)	➡ 2형식 문장
They like Tom. S　V　　O	그들은 톰을 좋아한다.	They(주어) ≠ Tom(목적어)	➡ 3형식 문장

잠깐! **Quiz 1**　　3형식 문장 : ☐ + ☐ + ☐

비교하면 문장 형식이 보인다!

✿ 주어진 문장을 보고, 1, 2, 3형식 문장 중에서 골라 쓰세요.

	문장	
1	I read books.	형식 문장
2	She opens the door.	형식 문장
3	The cake tastes sweet.	형식 문장
4	The bird sings loudly.	형식 문장
5	He looks tired.	형식 문장
6	The teacher uses a pen.	형식 문장
7	The car stops suddenly.	형식 문장
8	I am hungry.	형식 문장
9	The baby holds a toy.	형식 문장
10	The wind blows hard.	형식 문장

11 The boy kicks the ball. | 형식 문장

12 She feels cold. | 형식 문장

13 The children run in the park. | 형식 문장

14 You eat rice. | 형식 문장

15 He drinks water. | 형식 문장

16 The rain falls heavily. | 형식 문장

17 They play soccer. | 형식 문장

18 The girl writes a letter. | 형식 문장

19 You are tall. | 형식 문장

20 We watch TV. | 형식 문장

문장 형식을 알아보니까 어떤가요?
1형식 문장, 2형식 문장, 3형식 문장을 구별하는 훈련을 잘 마쳤습니다.
이번 문제로 3형식 문장에 쓰이는 동사와 목적어를 알아보는 힘이 길러졌을 거예요.

15 4형식 문장을 알아보는 법

4형식 문장은 '주어 + 동사(서술어) + 간접목적어 + 직접목적어'이다

4형식 문장에는 목적어가 두 가지(간접목적어와 직접목적어)가 있어요.

간접목적어(IO) Indirect Object	간접적으로 행동에 영향을 받는 대상으로, '~에게'로 해석해요.
직접목적어(DO) Direct Object	직접적인 행동의 대상으로, '~을, 를'로 해석해요.

4형식 문장에 주로 쓰이는 동사는 **수여동사**로, '주다'라는 뜻의 동사예요. give주다, buy사주다, show보여주다, send보내주다, make만들어주다 등이 있어요. 4형식 문장의 해석은 '주어'는 '간접목적어'에게 '직접목적어'를 '준다'라고 하면 돼요.

Santa gives us presents.   산타는 우리에게 선물을 준다.   ➡ **4형식 문장**
S   V   IO   DO

4형식 문장은 문장의 뜻을 유지하면서 3형식 문장으로 바꿀 수 있어요.

Santa gives presents to us.   산타는 우리에게 선물을 준다.   ➡ **3형식 문장**
S   V   O   M

➡ 3형식 문장이 되는 이유는 to us(전치사 + (대)명사)로 쓰이면서 **수식어**가 되었기 때문이지요. 참고로 수식어는 문장 형식에서 없는 것으로 간주해요.

잡깐! Quiz 1   4형식 문장: ☐ + ☐ + ☐ + ☐

비교하면 문장 형식이 보인다!

⚙ 주어진 문장을 보고, 1, 2, 3, 4형식 문장 중에서 골라 쓰세요.

1. The cat jumps high.   형식 문장

2. Grandpa gives her advice.   형식 문장

3. I write letters daily.   형식 문장

4. The baby cries loudly.   형식 문장

5. The leaves turn yellow.   형식 문장

6. He tells us a joke.   형식 문장

7. The phone rings often.   형식 문장

8. The child draws pictures.   형식 문장

9. Mom gives me cookies.   형식 문장

10. I feel very sleepy.   형식 문장

11 The waiter brings us food.

형식 문장

12 The teacher sends us homework.

형식 문장

13 Dad sends us postcards.

형식 문장

14 We eat lunch together.

형식 문장

15 She showed him the map.

형식 문장

16 My friend makes me tea.

형식 문장

17 She looks quite happy.

형식 문장

18 They lend me money.

형식 문장

19 He becomes very angry.

형식 문장

20 My aunt buys me shoes.

형식 문장

문장 형식을 알아보니까 어떤가요?

1형식 문장, 2형식 문장, 3형식 문장, 4형식 문장을 구별하는 훈련을 잘 마쳤습니다.
이번 문제로 4형식 문장에 쓰이는 동사와 간접목적어, 직접목적어를
알아보는 힘이 길러졌을 거예요.

16 5형식 문장을 알아보는 법

5형식 문장은 '주어 + 동사(서술어) + 목적어 + 목적격보어'이다

5형식 문장에는 목적어와 **목적격보어**가 있어요. 목적격보어는 목적어를 보충하는 말이에요. 문장 해석은 '주어'는 '목적어'가 '**목적격보어**'하게(하는 것을) '동사'한다라고 해요. 목적격보어 표기는 Object Complement의 약자로 OC로 해요.

5형식 문장에는 자주 등장하는 동사로 make, have, let 등이 있어요. 이런 동사를 사역동사라고 불러요. '사역'은 한자로 부릴 사(사람을 부리다, 시키다), 부릴 역(일, 노동을 부리다)을 써요. 한자 뜻을 떠올리면 쉽죠!

5형식 문장에는 목적어와 목적격보어 관계를 잘 살펴야 해요. 목적격보어는 아래와 같이 세분화할 수 있어요.

---

❶ 목적격보어가 명사인 경우 (해석: '~로')

She made me a hero.
　S　　V　　O　　OC
그녀는 나를 영웅으로 만들었다.

me(목적어) = a hero(명사)

❷ 목적격보어가 형용사인 경우 (해석: '~하게')

She made me happy.
　S　　V　　O　　OC
그녀는 나를 행복하게 만들었다.

me(목적어)의 상태: happy(형용사)

❸ 목적격보어가 원형부정사, to부정사, -ing인 경우 (해석: '~하게, ~하는 것을')

She made me go there.
S   V   O   OC (원형부정사)
그녀는 내가 그곳에 가게 만들었다.

She wants me to work.
S   V   O   OC (to부정사)
그녀는 내가 일하는 것을 원한다.

She watches me studying.
S   V   O   OC (-ing)
그녀는 내가 공부하는 것을 본다.

---

* 부정사: 동사 모양이지만 '~다'로 해석되지 않는 말 (즉, 서술어가 아닌 동사)

잠깐! Quiz 1 5형식 문장 : [   ] + [   ] + [   ] + [   ]

정답 | 1 주어, 동사(서술어), 목적어, 목적격보어

비교하면 문장 형식이 보인다!

🌸 주어진 문장을 보고, 1, 2, 3, 4, 5형식 문장 중에서 골라 쓰세요.

1	The cookies smell good.	형식 문장
2	I watched him play soccer.	형식 문장
3	Mom told us to study.	형식 문장
4	She made me laugh.	형식 문장
5	The baby cries softly.	형식 문장
6	I eat an apple.	형식 문장
7	The sky is blue.	형식 문장
8	We expect you to join.	형식 문장
9	Dad gives me money.	형식 문장
10	The bird flies high.	형식 문장

11	I felt the wind blow.	형식 문장
12	The coach told us to run.	형식 문장
13	Mom made us dinner.	형식 문장
14	The man sent me flowers.	형식 문장
15	We heard the baby cry.	형식 문장
16	My uncle bought me candy.	형식 문장
17	She told me to come.	형식 문장
18	They asked us to wait.	형식 문장
19	She reads a story.	형식 문장
20	I want you to smile.	형식 문장

문장 형식을 알아보니까 어떤가요?

1형식 문장, 2형식 문장, 3형식 문장, 4형식 문장, 5형식 문장을
구별하는 훈련을 잘 마쳤습니다. 이번 문제로 5형식 문장에
쓰이는 동사와 목적어, 목적격보어를 알아보는 힘이 길러졌을 거예요.

1 각 문장을 보고, 빈칸에 알맞은 품사, 문장 성분, 문장 형식을 쓰세요.

1 ( ) 형식 문장

I will be a better student.

| 품사 | 대명사 | 동사 | ( ) | 형용사 | ( ) | 명사 |

| 문장 성분 | 주어 | ( ) | ( ) |

2 ( ) 형식 문장

I will show people my talent.

| 품사 | 대명사 | 동사 | 동사 | ( ) | 형용사 | ( ) |

| 문장 성분 | ( ) | 서술어 | (간접)목적어 | ( ) |

3 ( ) 형식 문장

I will read more books.

| 품사 | 대명사 | ( ) | 동사 | ( ) | 명사 |

| 문장 성분 | ( ) | 서술어 | ( ) |

4 ( ) 형식 문장

I will speak English more confidently.

| 품사 | 대명사 | 동사 | ( ) | 명사 | ( ) | 부사 |

| 문장 성분 | ( ) | ( ) | 목적어 | ( ) |

⑤ 형식 문장

I will help my parents at home.

| 품사 | ( ) | 동사 | 동사 | 형용사 | 명사 | ( ) | 명사 |

| 문장 성분 | 주어 | 서술어 | (|) | (|) |

⑥ 형식 문장

I will be kind to my friends.

| 품사 | 대명사 | 동사 | 동사 | 형용사 | ( ) | 형용사 | ( ) |

| 문장 성분 | 주어 | 서술어 | ( ) | (|) |

⑦ 형식 문장

I will exercise more.

| 품사 | 대명사 | 동사 | ( ) | ( ) |

| 문장 성분 | ( ) | 서술어 | ( ) |

⑧ 형식 문장

I will spend less time on my phone.

| 품사 | 대명사 | 동사 | ( ) | ( ) | 명사 | 전치사 | 형용사 | 명사 |

| 문장 성분 | ( ) | 서술어 | ( ) | 수식어 |

⑨ 형식 문장

I will try something new, like drawing.

| 품사 | 대명사 | 동사 | 동사 | 대명사 | ( ) | ( ) | 명사 |

| 문장 성분 | 주어 | ( ) | 목적어 | ( ) |

⑩ 형식 문장

I will make this year a great one!

| 품사 | 대명사 | 동사 | 동사 | ( ) | 명사 | 형용사 | ( ) | 대명사 |

| 문장 성분 | 주어 | ( ) | 목적어 | ( ) |

Welcome to Blackwood Zoo

Get ready to explore!

You can watch amazing animals on our 10 km walking path.

Hours of Operation

• Every day, all year round!

• 9:30 a.m. – 4:30 p.m. (Last admission at 3:30 p.m.)

Ticket Prices

• Age 13 – 64: $30

• Age 3 – 12: $20

• Others: Free

Seasonal Note

Since the weather is still cold,

some animals like snakes and turtles will stay only indoors.

* Free shuttle bus departs from Blackwood Subway Station

every 30 minutes.

Welcome   to   Blackwood   Zoo

품사   감탄사   (1   )   명사   명사

Get   ready   to   explore!

품사 (2   )   형용사   전치사   동사

문장
성분   서술어   (3   )

You   can   watch   amazing   animals   on   our 10 km walking path.

품사   대명사   동사   (4   )   형용사   명사   (5   ) 형용사   명사   명사   명사

문장
성분 (6   )   서술어   (7   )   수식어

Hours   of   Operation

품사   명사 (8   )   명사

Every   day,   all   year   round!

품사   형용사 (9   )   형용사   명사   부사

9:30 a.m. - 4:30 p.m.   (Last   admission   at   3:30 p.m.)

품사   명사   명사   형용사   명사   (10   )   명사

Ticket   Prices

품사   명사   (11   )

· Age   13 - 64: $30

품사 (12   )   명사   명사   명사

· Age 3 - 12 : $20

품사　명사　명사 (13 　　) 명사

· Others : Free

품사 (14 　　　) 형용사

Seasonal Note

품사　형용사　명사

Since the weather is still cold,

품사 (15 　) 형용사 (16 　　) 동사 (17 　　) 형용사

문장성분　　　　　수식어

---

some animals like snakes and turtles will stay only indoors.

품사　형용사　명사 (18 　) 명사 (19 　) 명사　동사 (20 　) 부사　부사

문장성분　주어 (21 　　　　) (22 　　) 수식어

Free shuttle bus departs from Blackwood Subway Station

품사 (23 　) 명사　동사　전치사　명사

문장성분　주어　서술어 (24 　　　　　　)

---

every 30 minutes.

품사 (25 　) 명사

문장성분　수식어

우리에게 익숙한 '토끼와 거북이' 동화예요.
전체 본문을 읽고 빈칸에 알맞은 품사와 문장 성분을 쓰세요.

The Tortoise and the Hare

One day, a hare laughed at a tortoise.

The hare said, "You are so slow!"

The tortoise said, "I can beat you in a race."

The race started. The hare ran very fast.

The tortoise walked very slowly.

The hare thought, "I can take a nap." He fell asleep.

The tortoise passed the sleeping hare. Finally, the hare woke up.

However, it was too late. The tortoise won the race!

One   day,   a   hare   laughed   at   a   tortoise.

품사	형용사	명사	형용사	명사	(1)	전치사	형용사	(2)
문장 성분	(3)		주어		서술어		수식어	

The   hare   said,   "You   are   so   slow!"

품사	형용사	명사	동사	대명사	동사	(4)	형용사
문장 성분	(5)		서술어	주어	서술어	(6)	

The   tortoise   said,   "I   can   beat   you   in   a   race."

품사	형용사	명사	동사	대명사	동사	동사	대명사 (7)	형용사	명사
문장 성분		주어		서술어	주어		서술어	(8) (9)		

The   race   started.   The   hare   ran   very   fast.

품사	형용사 (10)	동사	형용사 (11)	동사 (12)	부사
문장 성분	주어	(13)	주어	서술어	수식어

The   tortoise   walked   very   slowly.   The   hare   thought,

품사	형용사 (14)	동사	부사 (15)	형용사 (16)	(17)
문장 성분	주어	서술어	(18)	(19)	(20)

"I   can   take   a   nap."   He   fell   asleep.   The   tortoise

품사	(21) 동사 (22)	형용사	명사 (23)	(24)	(25)	형용사	명사
문장 성분	주어 (26)	목적어	(27)	(28)	(29)	(30)	

passed   the   sleeping   hare.   Finally,   the   hare   woke   up.

품사	(31)	형용사 (32)	명사 (33)	형용사	명사 (34)	부사
문장 성분	서술어 (35)	수식어	(36)	서술어	수식어	

However,   it   was   too   late.   The   tortoise   won   the   race!

품사	부사	대명사	동사 (37)	형용사	형용사	명사 (38)	형용사	명사
문장 성분	수식어	주어	서술어 (39)		주어	서술어 (40)		

마지막 글을 '토끼와 거북이'로 한 것은 이 글이 주는 교훈이
품사와 문장 성분을 익힐 때도 적용되기 때문이에요.
Slow and steady wins the race. 천천히 하지만 꾸준히 하면 결국 이긴다.
꾸준히 성장하는 여러분의 앞날을 기대합니다.

1 정답을 확인한 후 틀린 문제는 ★표를 쳐 놓으세요.
2 틀린 문제는 다시 한번 풀어 보세요.

PART 1 8품사

① 동사와 명사를 구별하는 법

STEP 1 비교하면 품사가 보인다!　　　p.16

❶ v, n　❷ n, v　❸ v, n　❹ n, v　❺ n, v

❻ v, n　❼ n, v　❽ v, n　❾ n, v　❿ v, n

⓫ n, v　⓬ n, v　⓭ n, v　⓮ n, v　⓯ v, n

⓰ n, v　⓱ v, n　⓲ n, v　⓳ n, v　⓴ n, v

STEP 2 문장이 써지면 이 품사는 OK!　　　p.18

❶ ① failure, 실패 ② fail, 실패한다

❷ ① food, 음식 ② feed, 먹여 준다

❸ ① proof, 증거 ② prove, 증명한다

❹ ① grow, 자란다 ② growth, 성장

❺ ① refusal, 거절 ② refuse, 거절한다

❻ ① protection, 보호 ② protect, 보호한다

❼ ① translate, 번역한다 ② translation, 번역

❽ ① belief, 믿음 ② believe, 믿는다

❾ ① sale, 세일 ② sell, 판다

❿ ① invite, 초대한다 ② invitation, 초대

⓫ ① song, 노래 ② sing, 부른다

⓬ ① agreement, 합의 ② agree, 동의한다

⓭ ① arrive, 도착한다 ② arrival, 도착

⓮ ① advice, 조언 ② advise, 조언한다

⓯ ① imagine, 상상한다 ② imagination, 상상력

⓰ ① sight, 시력 ② see, 본다

⓱ ① explaination, 설명 ② explain, 설명한다

⓲ ① tell, 말한다 ② story, 이야기

⓳ ① gift, 선물 ② give, 준다

⓴ ① relaxation, 휴식 ② relax, 쉰다

---

② 형용사와 부사를 구별하는 법

STEP 1 비교하면 품사가 보인다!　　　p.24

❶ adj, adv　❷ adv, adj　❸ adj, adv

❹ adj, adv　❺ adv, adj　❻ adj, adv

❼ adv, adj　❽ adj, adv　❾ adj, adv

❿ adj, adv　⓫ adv, adj　⓬ adj, adv

⓭ adj, adv　⓮ adj, adv　⓯ adv, adj

⓰ adj, adv　⓱ adj, adv　⓲ adv, adj

⓳ adj, adv　⓴ adv, adj

STEP 2 문장이 써지면 이 품사는 OK!　　　p.26

❶ ① quickly, 빨리 ② quick, 빠른

❷ ① slow, 느린 ② slowly, 천천히

❸ ① happily, 행복하게 ② happy, 행복한

❹ ① sadly, 슬프게 ② sad, 슬픈

❺ ① loud, 시끄러운(큰) ② loudly, 크게

❻ ① quietly, 조용히 ② quiet, 조용한

❼ ① carefully, 조심스럽게 ② careful, 조심스러운

❽ ① angry, 화가 난 ② angrily, 화를 내며

❾ ① politely, 정중하게 ② polite, 예의 바른

❿ ① safe, 안전한 ② safely, 안전하게

⓫ ① easily, 쉽게 ② easy, 쉬운

⓬ ① clearly, 명확하게(분명히) ② clear, 맑은

⓭ ① soft, 부드러운 ② softly, 부드럽게

⓮ ① brightly, 밝게 ② bright, 밝은

⑮ ① gentle, 온화한(친절한) ② gently, 부드럽게

⑯ ① bravely, 용감하게 ② brave, 용감한

⑰ ① calm, 차분한(조용한) ② calmly, 차분하게

⑱ ① noisily, 시끄럽게 ② noisy, 시끄러운

⑲ ① busily, 바쁘게 ② busy, 바쁜

⑳ ① lucky, 운 좋은(행운의) ② luckily, 운 좋게

---

③ 접속사와 전치사를 구별하는 법

STEP 1 비교하면 품사가 보인다!　　　　p.34

❶ ①p ②c　❷ ①c ②p

❸ ①p ②c　❹ ①p ②c

❺ ①p ②c　❻ ①p ②c

❼ ①p ②c　❽ ①c ②p

❾ ①c ②p　❿ ①p ②c

STEP 2 문장이 써지면 이 품사는 OK!　　　p.36

❶ ① because of ② because

❷ ① Although ② despite

❸ ① in spite of ② Though

❹ ① due to ② As

❺ ① Since ② owing to

❻ ① Contrary to ② Whereas

❼ ① In case of ② If

❽ ① unless ② without

❾ ① during ② while

❿ ① upon ② as soon as

---

④ 대명사와 감탄사를 구별하는 법

STEP 1 비교하면 품사가 보인다!　　　　p.40

❶ n, pron　❷ pron, n　❸ n, pron　❹ n, pron

❺ n, pron　❻ pron, n　❼ pron, n　❽ pron, n

❾ pron, n　❿ n, pron　⓫ pron, n　⓬ n, pron

⓭ pron, n　⓮ n, pron　⓯ pron, n　⓰ pron, n

⓱ n, pron　⓲ pron, n　⓳ pron, n　⓴ pron, n

STEP 2 문장이 써지면 이 품사는 OK!　　　p.42

❶ ① Wow, Jason, 와, 제이슨은 ② They, 그들은

❷ ① Hello, you, 안녕, 널 ② I, 나는

❸ ① Oh, Jenny, 오, 제니는 ② You, 너는

❹ ① We, 우리는 ② Ouch, head, 아야, 머리가

❺ ① Hmm, train, 흠, 기차가 ② It, 그것은

❻ ① Oops, Michael, 이런, 마이클은 ② We, 우리는

❼ ① Well, test, 음, 시험이 ② You, 너는

❽ ① Ugh, food, 윽, 음식이 ② They, 그들은

❾ ① Hey, 야 ② You, them, 너희들은, 그들을

❿ ① Alas, father, 아이고, 아버지는 ② He, 그는

⓫ ① Hurray, team, 와, 팀이 ② She, 그녀는

⓬ ① Hi, Kijung, 안녕, 기정 ② I, 나는

⓭ ① What, We, 뭐라고, 우리 ② Jeju Island, 제주도

⓮ ① pencil, 연필은 ② Ah, it, 아, 그것을

⓯ ① Whoa, you, 와, 너는 ② People, 사람들은

⓰ ① Phew, Jennifer, 이야, 제니퍼가 ② her, 그녀를

⓱ ① Eh, I, 어라, 나는 ② mother, 어머니에게

⓲ ① Yay, Water, 와, 물이 ② us, 우리를

⓳ ① God, me, 신이시여, 나에게 ② I, 나는

⓴ ① Shh, 쉿 ② Linda, name, 린다는, 이름

5 최종 도전! 8품사가 완성된다!

1
p.46

❶ 동사, 형용사　❷ 대명사, 전치사, 명사

❸ 동사, 접속사, 명사　❹ 동사, 전치사, 전치사

❺ 동사, 명사, 동사, 감탄사　❻ 명사, 동사, 명사

❼ 동사, 명사, 전치사　❽ 명사, 부사, 형용사

❾ 명사, 동사, 명사　❿ 부사, 전치사, 명사

2
p.48

> 해석　한 농부에게는 사자 한 마리, 닭 한 마리, 그리고 곡식 한 자루가 있어요. / 농부는 이들 모두를 강 건너편으로 옮기고 싶어 해요. / 작은 배는 농부와 물건 하나만 한 번에 실을 수 있어요. / 닭은 곡식을 먹어요. / 사자는 닭을 먹어요. / 농부가 함께 있을 때는 서로 먹지 않아요. / 사자는 곡식을 먹지 않아요. / 사자와 닭은 스스로 어디로 도망가진 않아요. / 농부는 어떻게 이들을 모두 강 건너편으로 옮길 수 있을까요?

1 명사　2 동사　3 명사　4 명사

5 접속사　6 전치사　7 명사　8 동사

9 전치사　10 전치사　11 형용사　12 명사

13 명사　14 형용사　15 명사　16 동사

17 접속사　18 명사　19 전치사　20 명사

21 명사　22 동사　23 명사　24 동사

25 접속사　26 명사　27 동사　28 전치사

29 대명사　30 대명사　31 부사　32 동사

33 명사　34 명사　35 접속사　36 명사

37 부사　38 부사　39 동사　40 형용사

41 동사　42 대명사　43 전치사　44 형용사　45 명사

3
p.50

> 해석　1. 닭을 강 건너편으로 데려간다. / 2. 빈 배를 타고 다시 돌아온다. / 3. 곡식을 강 건너편으로 데려간다. / 4. 닭을 다시 데리고 돌아온다. / 5. 사자를 강 건너편으로 데려간다. / 6. 빈 배를 타고 다시 돌아온다. / 7. 닭을 강 건너편으로 데려간다.

1 동사　2 전치사　3 명사　4 부사

5 전치사　6 형용사　7 전치사　8 명사

9 동사　10 명사　11 명사　12 전치사

13 명사　14 동사　15 전치사　16 형용사

17 명사　18 형용사　19 명사　20 명사

PART 2　문장 성분

6 주어와 서술어를 구별하는 법

STEP 1 비교하면 문장 성분이 보인다!
p.60

❶ S　❷ V　❸ V　❹ S

❺ S　❻ V　❼ V　❽ S

❾ V　❿ V　⓫ S　⓬ S

⓭ V　⓮ V　⓯ S　⓰ S

⓱ S　⓲ V　⓳ V　⓴ S

7 목적어를 구별하는 법

① V ② O ③ O ④ V ⑤ O
⑥ V ⑦ V ⑧ O ⑨ V ⑩ V
⑪ O ⑫ O ⑬ V ⑭ V ⑮ O
⑯ V ⑰ O ⑱ V ⑲ O ⑳ O

8 보어를 구별하는 법

STEP 1 비교하면 문장 성분이 보인다!   p.68

① ① O ② C   ② ① C ② O
③ ① O ② C   ④ ① C ② O
⑤ ① C ② O   ⑥ ① C ② O
⑦ ① O ② C   ⑧ ① C ② O
⑨ ① O ② C   ⑩ ① C ② O

9 수식어를 구별하는 법

STEP 1 비교하면 문장 성분이 보인다!   p.74

① ① M ② C   ② ① C ② M
③ ① M ② C   ④ ① C ② M
⑤ ① M ② C

STEP 2

문장이 써지면 이 문장 성분은 OK!   p.75

① ① loudly ② loud   ② ① calm ② calmly
③ ① slowly ② slow   ④ ① quick ② quickly
⑤ ① carefully ② careful

STEP 3

문장이 분석되면 이 문장 성분은 끝!   p.76

① loudly, laughs   ② fast, runs
③ big, dog   ④ red, apple
⑤ quietly, sit   ⑥ very, tired
⑦ hard, studies   ⑧ slowly, eats
⑨ loudly, cries   ⑩ quite, salty
⑪ very, dark   ⑫ high, fly
⑬ yellow, flower   ⑭ really, clear
⑮ clearly, speaks   ⑯ brightly, shine
⑰ extremely, long   ⑱ very, busy
⑲ neatly, writes   ⑳ tall, boy

10 구와 절을 구별하는 법

STEP 1 비교하면 분석이 된다!   p.80

① ① 구 ② 절   ② ① 구 ② 절   ③ ① 절 ② 구
④ ① 구 ② 절   ⑤ ① 절 ② 구   ⑥ ① 구 ② 절
⑦ ① 절 ② 구   ⑧ ① 구 ② 절   ⑨ ① 절 ② 구
⑩ ① 절 ② 구

👑 11 최종 도전! 문장 성분이 완성된다!

1   p.82

① 주어, 보어   ② 서술어, 수식어
③ 수식어, 수식어   ④ 서술어, 목적어
⑤ 수식어, 서술어   ⑥ 서술어, 수식어
⑦ 서술어, 수식어   ⑧ 주어, 수식어
⑨ 주어, 보어   ⑩ 서술어, 수식어

❷   p.84

해석   당신은 스위치 세 개가 있는 방에 있어요. / 문은 닫혀 있어요. / 각 스위치는 옆방에 있는 서로 다른 전구를 조절해요. / 당신은 지금 그 세 개의 전구를 볼 수 없어요. / 당신은 문을 통해 옆방으로 들어간 후에만 전구들을 볼 수 있어요. / 문을 열면, 다시는 스위치를 만질 수 없어요. / 당신은 각 스위치가 어떤 전구와 연결되어 있는지 맞혀야 해요.

1 서술어   **2** 주어   **3** 수식어   **4** 주어

5 목적어   **6** 목적어   **7** 수식어   **8** 주어

9 목적어   **10** 수식어

❸   p.86

해석   당신은 첫 번째 스위치와 두 번째 스위치를 켜요. / 10분 후에, 두 번째 스위치를 꺼요. / 그런 다음 문을 열고 옆방으로 들어가요. / 전구 하나는 켜져 있어요. / 이 전구는 첫 번째 스위치와 연결되어 있어요. / 전구 하나는 꺼져 있지만 따뜻해요. / 이 전구는 두 번째 스위치와 연결되어 있어요. / 전구 하나는 꺼져 있고 차가워요. / 이 전구는 세 번째 스위치와 연결되어 있어요.

1 서술어   **2** 수식어   **3** 주어

4 서술어   **5** 수식어   **6** 주어

7 서술어   **8** 보어   **9** 서술어

10 보어   **11** 서술어

PART 3   문장 형식

⓬ 1형식 문장을 알아보는 법

STEP 1 비교하면 문장 형식이 보인다!   p.95

1 X	**2** 1	**3** 1	**4** X
5 1	**6** 1	**7** X	**8** 1
9 X	**10** 1	**11** X	**12** 1
13 1	**14** 1	**15** X	**16** X
17 X	**18** X	**19** 1	**20** X

⓭ 2형식 문장을 알아보는 법

STEP 1 비교하면 문장 형식이 보인다!   p.98

1 2	**2** 2	**3** 1	**4** 1
5 2	**6** 1	**7** 1	**8** 2
9 2	**10** 1	**11** 2	**12** 2
13 1	**14** 2	**15** 1	**16** 2
17 1	**18** 1	**19** 2	**20** 1

⓮ 3형식 문장을 알아보는 법

STEP 1 비교하면 문장 형식이 보인다!   p.101

1 3	**2** 3	**3** 2	**4** 1
5 2	**6** 3	**7** 1	**8** 2
9 3	**10** 1	**11** 3	**12** 2
13 1	**14** 3	**15** 3	**16** 1
17 3	**18** 3	**19** 2	**20** 3

⑮ 4형식 문장을 알아보는 법

STEP 1 비교하면 문장 형식이 보인다!　　p.104

❶ 1　❷ 4　❸ 3　❹ 1　❺ 2

❻ 4　❼ 1　❽ 3　❾ 4　❿ 2

⓫ 4　⓬ 4　⓭ 4　⓮ 3　⓯ 4

⓰ 4　⓱ 2　⓲ 4　⓳ 2　⓴ 4

⑯ 5형식 문장을 알아보는 법

STEP 1 비교하면 문장 형식이 보인다!　　p.108

❶ 2　❷ 5　❸ 5　❹ 5　❺ 1

❻ 3　❼ 2　❽ 5　❾ 4　❿ 1

⓫ 5　⓬ 5　⓭ 4　⓮ 4　⓯ 5

⓰ 4　⓱ 5　⓲ 5　⓳ 3　⓴ 5

⑰ 최종 도전! 문장 형식이 완성된다!

①　　p.110

❶ 동사, 형용사, 서술어, 보어, 2

❷ 명사, 명사, 주어, (직접)목적어, 4

❸ 동사, 형용사, 주어, 목적어, 3

❹ 동사, 부사, 주어, 서술어, 수식어, 3

❺ 대명사, 전치사, 목적어, 수식어, 3

❻ 전치사, 명사, 보어, 수식어, 2

❼ 동사, 부사, 주어, 수식어, 1

❽ 동사, 형용사, 주어, 목적어, 3

❾ 형용사, 전치사, 서술어, 수식어, 3

❿ 형용사, 형용사, 서술어, 목적격보어, 5

②　　p.112

해석　블랙우드 동물원에 오신 것을 환영합니다. / 탐험할 준비를 하세요! / 총 10km의 산책로를 따라 놀라운 동물들을 볼 수 있어요. / 운영 시간 | • 매일 운영, 연중무휴, / • 오전 9:30분~오후 4:30 (마지막 입장은 오후 3:30) / 입장권 가격 | • 13세~64세: 30달러 • 3세~12세: 20달러 / • 그 외: 무료 / 계절 안내 / 날씨가 아직 추워서, 뱀과 거북이 같은 일부 동물들은 실내에서만 있어요. / * 블랙우드 지하철역에서 무료 셔틀버스가 30분마다 출발해요.

1 전치사　2 동사　3 보어　4 동사　5 전치사

6 주어　7 목적어　8 전치사　9 명사　10 전치사

11 명사　12 명사　13 명사　14 대명사　15 접속사

16 명사　17 부사　18 전치사　19 접속사　20 동사

21 수식어　22 서술어　23 형용사　24 수식어　25 형용사

③　　p.115

해석　거북이와 토끼 / 어느 날, 토끼가 거북이를 비웃었어요. / 토끼는 말했어요. "너는 정말 느리구나!" / 거북이는 말했어요. "나는 너를 경주에서 이길 수 있어." / 경주가 시작되었어요. / 토끼는 아주 빠르게 달렸어요. / 거북이는 아주 천천히 걸었어요. / 토끼는 생각했어요. "낮잠을 자도 되겠지." / 그는 잠들었어요. / 거북이는 잠든 토끼를 지나갔어요. / 마침내 토끼가 깨어났어요. / 하지만 이미 너무 늦었어요. / 거북이가 경주에서 이겼어요!

1 동사　2 명사　3 수식어　4 부사　5 주어

6 보어　7 전치사　8 목적어　9 수식어　10 명사

11 명사　12 부사　13 서술어　14 명사　15 부사

16 명사　17 동사　18 수식어　19 주어　20 서술어

21 대명사　22 동사　23 대명사　24 동사　25 형용사

26 서술어　27 주어　28 서술어　29 보어　30 주어

31 동사　32 형용사　33 부사　34 동사　35 목적어

36 주어　37 부사　38 동사　39 보어　40 목적어